夫婦をはぐくむ読書会

「43《よみ》とも倶楽部」への招待

まえがき

結婚しているカップルに、

「あなたは幸せですか？」

と尋ねたら、どのような答えが返ってくるでしょうか。

その答えは、さまざまあると思いますが、自信をもって「幸せです」と答えてくれる人は少ないのではないでしょうか。

それは現在の離婚率から想像できます。

現在、３組に１組が離婚しています。

また、離婚にまで至らなくても、関係が冷え切って家庭の中で別居している夫婦はかなりいるからです。

「亭主元気で留守がいい」というテレビＣＭが昔、はやったのは、そんな状況を示していると言えます。

幸せであれば、一緒にいたいと思うのが普通だからです。

現在、日本の人口が減っている一番の原因は、結婚したいという若者が少なくなっていることです。

結婚している女性は、平均2人以上産んでいる事実からも、それは分かります。

出生率が1・3人になっているのは、結婚しない女性が増えているからなのです。

結婚しなければ、子供が生まれるわけはありません。

もちろん、結婚しないで、子供だけを生むというケースもありますが、それは例外といえるでしょう。

適齢期の若者が結婚をためらう理由は何でしょうか。

たとえば、結婚しても低収入で生活ができない、子供が生まれると共働きができない、会社に勤め続けられなくなる、保育所など子供を預ける場所が少なく、子育てが厳しいという社会環境の不備、等々の理由が挙げられます。

ただ、結婚はしたくなくても、好きな人と一緒にいたいと思う人は少なくないでしょう。

ではなぜ、恋愛はしたくても結婚はしたくないと思うのでしょうか。

これは自分の身近に、結婚して夫婦となっても幸せでない家庭が多いからではないでしょうか。

幸せそうに結婚式を挙げて、子供が生まれても、子育てや家事の分担がうまくいかず、会話が無くなってしまう夫婦が多いのです。

周囲でそんなケースばかりを見ていると、結婚しない方がいいんじゃないかとか、一人で自立していけばいいのではないかと考えるのも無理はありません。

だから「結婚は人生の墓場」という言葉が生まれるのでしょう。

「結婚は人生の墓場」だとするならば、そこから幸せは生まれないし、生まれた子供も幸せにはなれません。

ここから分かることは、これは若者世代の問題ではないということです。

その手本となる親の世代に幸福な家庭が少ないからではないかと推察されるのです。

では、この問題解決のための処方箋はあるのでしょうか?

まず親世代の家庭の夫婦が幸せになることだといえます。そしてそれを実現するために開発されたのが本書で紹介する「43とも倶楽部」の読書会なのです。

長年の試行錯誤の末、蓄積されたノウハウと経験、そして体験談を通しての実績がこれを証明してくれています。

なぜ「43《よみ》とも」が夫婦の絆を深めるのか。

この方法を知れば、夫婦関係が劇的に変化することが期待できます。

ぜひ実践してみてください。

＊用語の解説

「43とも」……本書が提唱する新しい形の読書会のこと。「夫婦43とも」や「親子43とも」など参加者の構成に合わせた呼び名もある。

「43とも倶楽部」……43ともを行う仲間や会合のこと。

目次

第2章　実践編「43とも」のやり方　69

第1章

「読書会」の可能性と歴史

●「43とも」って何ですか？

最初に、本書が提唱する「43とも《よみ》」という言葉について説明します。

正直言って変なネーミングですよね。

誰でも、新しい言葉を聞くと、何だろうと頭をひねって考えます。

特に、若者言葉なんて、その代表例です。

彼らは、絵文字やその他独特の新語を使いながらメールしたり、会話をしたりしています。

そんな若者言葉のようでもある「43とも」というネーミング。

「43」は、「よみ」とも読め、「読み」という意味に解釈できます。

単なる語呂合わせ、ダジャレのようでもありますが、そのほか、43とものテキストとして推奨しているサンデー世界日報を発行する世界日報社の創業43年目に生まれたということもありました。

そのようないくつかの事柄を掛け合わせた造語です。

「43とも」とは、簡単に言えば、2人以上でやる「読書会」のことです。

なあーんだ、「読書会」を「43とも」と言い換えただけなのか。

そう思ったあなたは、誤解しています。

「43とも」とは、単に本をみんなで読んで、意見を述べ合う読書会ではありません。

一般的な読書会では、それぞれ事前に本を読んでくるので、感想を述べ合うと、互いの意見の違いによって討論になったりします。

かえって仲間同士の喧嘩《けんか》になったりすることさえあるのです。

なぜならそれは、誰しも自分の意見が正しいと思っているからです。

しかし、それでは仲良くなることはできません。

「43とも」は違います。

読書会であって、読書会ではありません。

主に使われるテキストも、書籍ではなく、新聞や雑誌のいい話、感動した話を題材として読み合い、語り合うのです。

エッセーやコラムなどは短い文なので、それほど読むのに時間がかかりません。

さらに、要点が押さえやすく、これまでの自身の体験と重ねることで、自分の感想をしっかり持つことができます。

要するに、短時間で読めるテキストを使っての読書会なのです。

なおかつ身近にあるもので簡単に始められます。

ただ、「43とも」では、新聞、それも『サンデー世界日報』(世界日報社)の連載を主な題材として使用しています。

たとえば、歴史上の偉人や無名の人々の善行や生き方を紹介して、家庭円満の秘訣を教えてくれる浅川勇男氏による『いのちの言葉』を使っています。

本当に感動的な話が多いので、読者の反応も良いようです。

連載は、これまで400回を超えています。

この『いのちの言葉』のほかにも、サンデー世界日報には、『43とも講座—自分研《みが》きのススメ』という連載もあります。

主に、この二つを題材にした「43とも」は、読者を中心として全国各地に広がっています。

体験者からは、「夫婦の仲が深まった」「家族に笑顔が増えた」などの喜びの声が、著者(櫻井)の元に送られてきています。

●熟年離婚へまっしぐら?

あるお茶飲料のテレビＣＭで、「おーい！お茶」と呼び掛けるものがあります。皆さんご存じだと思います。

今は、そんな家庭も少なくなっているでしょうけれど、いわゆる「ツーと言えばカー」で、一言二言で夫婦の会話が済んでしまうという時代がかつてはありました。

ただ、それで家庭が平和だったかといえば、さにあらずで、内情は奥さんの忍耐によって支えられていた側面が多分にありました。

戦後、そうした家父長的権威が崩壊し、女性が強くなって、今や男女平等時代です。しかし、それに伴い最近、会話がない夫婦も増えているようです。

よく笑い話になったりもしますが、「フロ、メシ、寝る」といった単語で済ませていた昭和時代のおやじは、もう絶滅危惧種です。

恋人同士や新婚時代は、時間が足りないほど楽しく過ごしたのに、あれから数十年…。綾小路きみまろじゃないけれど、めっきり会話が少なくなってしまった家庭は、けっこう多いのではないでしょうか。

夫は会社で神経をすり減らし、家に帰って来たときには、もう人の話を聞く気力がありません。

むしろストレスを発散したいので、何もやりたくない。ただ黙ってメシを食い、フロに入り、そして寝る。

それが夫の日常。

では妻の日常はどうでしょうか。

近年は、妻が専業主婦という家庭は、少なくなっていると思います。

妻も会社に勤めたり、少しでも家計の足しにとパートに出て働いていたりするのです。

そうであっても、妻の方には家事と育児という仕事が残っています。

もちろん、共同で家事や育児を分け合ってやっているという夫婦もいると思いますが、
中年以降の夫婦では、どうしても夫は会社での責任が重くなるにつれて、時間や心の余裕もなくなり、遠ざかる傾向があるというのが正直なところでしょう。

妻の方はパートならば責任はそれほど重くはないでしょうが、子供が思春期を迎えるようになると、ただでさえ、親子関係が微妙になる中、受験のことや、学校でのいじめなど心配事が増えてきます。

そこで、子供の教育について妻が夫に相談するのですが、「疲れているから」「子供のことは任せた」「オレにはわからん」などの言葉で逃げを打つというわけです。

子供の教育問題ほど、一筋縄ではいかないものはないからです。

かくして、会話が少なくなるにしたがって、夫婦関係は冷え切ってしまうことに。

果ては、相手が何を考えているかさえ分からなくなってしまいます。

もはや、夫婦というのは名ばかりで、「同居人」という関係での歳月が、ただ過ぎていくことになるのです。

こうなると、熟年離婚にまっしぐら、ではないでしょうか。

好きで結婚したのに、今や不倶戴天の敵のようになってしまった…。

歩み寄りたいと思っても、相手の顔を見るとつい腹が立ち、ケンカ腰になってしまう。これをどうすれば修復できるのでしょうか。そこには、それまでの十数年、否、何十年も積み重ねた〝負の共有財産〟が横たわっているのです。

これを解消する方法はあるのでしょうか。

長年、積もり積もって氷河のようになった大きな障壁を崩す方法が実はあるのです。

そのポイントとなるのが、振り出しに戻るようですが、やはり会話です。

実際問題、会話を通して相手との間にある氷の壁を解かしていく以外にはないのです。

そうして、会話がさらに増えてくれば、お互いの事情を「ああそうだったのか」と思いやる気持ちが生まれてくるのです。

しかし、そうなるための一歩が踏み出せないのが現実です。

どうすれば、自然に会話ができるようになるのか。

その一つの解決法を提示するのが「43とも」なのです。

43とも体験談①

「43ともの本当の意義が分かりました」（Y・Sさん）

初めは知り合いの方々と「43とも」をしました。

当初、苦手意識はありましたが、同じ内容を読んでも感動した箇所や感想が全く違い、今までにない気付きや経験をすることができました。

そのうち、夫婦で「４３とも」をするようになりましたが、夫は、自分の気持ちをうまく表現できなくなると、「もういい」と言って話さなくなります。

私は聞いてほしい、話をしたいと思っているのですが、うまくキャッチボールができませんでした。

ある時、夫がとても素直な意見を述べたのですが、私には批判に聞こえて、「そういうのは『４３とも』じゃない」と言ってしまったことがあります。

その後、夫が「あなただから心の内をさらけ出したのに」と言って、「ああ、そういう意見も受け入れるのが『４３とも』なのだなあ。だからこそより理解し合えるんだ」と悟ったことがあります。

夫婦で長い時間を過ごしたからといって、互いを分かり合えているとは限らない。すぐ反論したり、持論を主張したり、本当の意味で受け入れていなかったことに気付かされました。

今は「43とも」が大好きです。

43とも体験談②

「43ともは我が家の『ビタミン愛』」（Ａ・Ｙさん）

私たち夫婦には子供が４人いますが、２人は自立しているため、４人で暮らしています。

毎週日曜日の夜に「家族43とも」をしています。

息子は読むことや感想を書くことがあまり得意ではないので、「43とも」に対しては最初抵抗があるようでした。

しかし、毎回感想を聞いて褒めたり、褒めてもらったりする中で、人の話を聞く能力が付いてきました。

夫も初めは乗り気ではなかったのですが、「43とも」を通して成長する息子の姿を見られるのが嬉しいのか、最近は積極的に入ってくれるように

なりました。

娘も時間が合えば参加します。普段の会話では、批判的な言葉が出ることもありましたが、毎週「43とも」をするようになってからは、それがとても少なくなりました。子供たちも親との交流が楽しいようで、この時には深い話もできます。

我が家は「43とも」で「ビタミン愛」が注入され、ハッピー家族になってきました。

●読書会がなぜ夫婦円満に効果があるのか

読書というと、１人で部屋にこもって本を読むというイメージがあります。

しかし、読書が趣味でも、夫婦の会話が増えたという話は聞きません。

１人でする読書と数人で行う読書会では、その性質がまるっきり違うからです。

読書は、いわば「モノローグ」、自分自身との対話で一方的なものですが、読書会は１人ではなく、２人以上で行うもので、本や文章の感想を述べながら会話を交わす「ダイアローグ」なのです。

要するに、読む題材を通して会話が弾むのです。

最初は、ぎこちなくて、言葉も少ないかもしれませんが、やがて読書会が楽しくなり、待ち遠しくなる人もいます。

会話を通して、相手のことが分かり、やがて関係が変化（好転）するからです。

「この人って、こんな人だったんだ。無口だと思っていたけれど、そうではなく、どう発言していいか、笑われないか、と心配していたのね」

などなど多くの発見があります。

相互理解が深まれば、許せないと思っていた相手を許せるようにもなります。そして、お互いに歩み寄ることができるようになっていくのです。

突き詰めれば、夫婦仲が悪くなってしまうのは、会話が無くなって、相手が何を考えているのか分からなくなってしまうことだということに行き着きます。

会話が無くなってしまう背景には、相手に話しても聞いてくれないという「諦め」と「失望」があるからです。

日頃から夫婦の会話、コミュニケーションがよく取れていれば、問題は無かったに違いありません。

会話が少なくなり、だんだん互いを無視するようになるというのが、多くの夫婦のたどるケースです。

そのことは、先に紹介していますが、ただ、どうしたらいいのか分からないというのが現状ということでしょう。

少なくとも結婚するときは、愛し合っていたのですから、まさか家庭内別居のような未来が来るとは、お互い予想だにしなかったでしょう。

だから、心のどこかでは相手に歩み寄りたい、以前のように仲良くしたいと思っているはずです。

だけど、どうしたらいいのか分からない。

それが〝冷え切った〟夫婦関係の現状ではないかと思います。

「43とも倶楽部」には、そんな難しい関係だった夫婦仲が激変して良くなったり、深まったりしたという反響が多く寄せられています。

日本の文化は読書会によって育まれた

日本はご存じのように島国です。

日本の文化やそのベースとなる精神性の起源はどこにあるのでしょうか。それを探すのは簡単ではありませんが、1万年以上続いた縄文時代にあると言ってもいいかもしれません。

とはいえ、縄文時代は、紙の資料記録がないので、その文化の様相については、三内丸山遺跡などの遺構や縄文土器などの発掘物によって知るほかはありません。

次の弥生時代には、農耕文化とともに祖霊信仰が始まったようですが、それ以降の古墳時代になると、文字史料が発掘されるようになって、よく理解できるようになりました。

日本文化は、縄文時代以来の精神文化と渡来系の人々がもたらした外来の文化が交じり合って成立しています。

技術者集団だった渡来系の人々のもたらした漢字、土木などのインフラ技術、機織りなどの先進的な生活技術などによって発展しました。

しかし、技術や文化はそのままだと、定着するとともに停滞します。

よって、新しい技術や文化を常に移植しなければならなかったのです。

代表的なものが、遣隋使や遣唐使であり、留学生や留学僧という人を通じて、大陸の文化と技術を輸入しました。

それが日本文化の発展に大きく寄与しましたが、当時の航海技術の未熟さや人材が限られるなど、どうしても限界がありました。

それを補ったのが書物です。書物を輸入することで、新しい文化、技術、知識を文字によって学び、吸収することができたのです。

当時、中国では、日本人が数多くの書物を買い集めたことが史料に残されています。

その書物の内容（律令など）を取り入れるために、日本各地に派遣された官僚に学ばせました。

そのような官僚の仕事内容を伝える史料もあります。

漆《うるし》紙文書と呼ばれるものです。

そこに官僚が書いた文書の跡が残っていたのです。

紙は、時間経過とともに消失していくものですが、役所で用済みとなった紙を再利用して、漆の壺《つぼ》の蓋《ふた》にしていました。

漆には防腐効果もあったので、現在まで残ったのです。

そのほか、木を薄く削って紙の代用にしていました。木簡と呼ばれるものです。

このように、漆紙や木簡に文書を記録したり、和歌などを書写したりして学習していました。

「４３とも」のような読書会に似た学習会もあったかもしれません。

いずれにしても、書物を読み、書き写すことは、日本文化形成に大きな働きをしてきたことは間違いありません。

43とも体験談③

「やればやるほど関係が深くなる」

（Y・Tさん）


　私の夫は亡くなっているため、「夫婦43とも」はできませんが、我が家に近所の友人たちに来てもらって、「地域43とも」をしています。

　日常の会話では、言いっ放しや聞きっ放しが多く、きちんと相手に伝わったのか、どう伝わったのかを振り返ることがあまりありませんでした。「43とも」は人の感想を聞いて褒めなくてはならないので、一生懸命意識を集中して聞きます。

　そして、その言葉の裏にどういう思いがあるのか想像しながら聞くので、とても頭を使います。

　自分と同じ考えの人には親しみを感じ、自分が気付かなかったことを言う人には、尊敬心が湧いてきて、心の中に温かいものが広がっていきます。

　私の感想をそのまま受け入れてくれて、賛美されるととても心地よくなります。「４３とも」は人間関係を深めるとても良いツールだと思います。

　今現在、娘と2人暮らしなのですが、「４３とも」を通してもっと聞き上手、褒め上手になって、「親子４３とも」ができるようにしていきたいと思います。

43とも体験談④

「自分の人生を話せるようになりました」（N・Kさん）

私の父はおしゃべりですが、母は反対に寡黙な人でした。

父はとても厳しくて、私は怒られてばかりいました。

夫は仕事もできるし、愛情も豊かだし、子供たちに対しても面倒をよく見てくれました。周りからは「良いご主人ね」と言われるのですが、深い話ができず、一つになれない壁を感じていました。

夫の仕事は海外出張が多く、いつも忙しくしていましたが、コロナが始まってからは、テレワークが多くなり、家にいる時間が長くなりました。ちょうどそのタイミングで「夫婦43とも」をするようになりました。

最初は形通りの「素晴らしい」しか言ってもらえませんでしたが、そのうち、「良いところを選んだねえ」と、具体的に褒めてくれるようになりました。

私は、最初国語のテストみたいに、この文章の一番のポイントはどこかという設問に答えなければならないと感じ、一生懸命正解を探していました。しかし、正解ではなく、自分が感じたことをそのまま言ってもいいんだと分かってきて、今まで話したことのない自分の人生を話せるようになってきました。

子供の問題に対しても、夫に対する要求が強くなっていましたが、「４３とも」をするようになってからは、スムーズに話せるようになりました。

子供に対しても、今までは答えを教えなくてはならないという強迫観念があって、子供の方が引いていたところがありましたが、今は余裕をもって聞くことができ、良いところを自然に褒められるようになってきました。

●「4зとも」のルーツとなる江戸時代の「会読」

明治維新の成功は、日本が植民地にされることなく、わずかな期間で先進国の仲間入りができた大きな要因でした。

その理由はいろいろありますが、特に一体化しやすい民族性と、識字率の高さにあると言われています。

江戸時代の日本の人口は約３０００万人でした。そして、首都の江戸には１００万人が住んでいました。

江戸は、なんと当時、世界一の大都市だったのです。

ちなみに第2位だったロンドンの人口は60万人です。

江戸には寺子屋が１５００ありました。日本全体では１５０００です。

そして、識字率はなんと、70〜80％に達していました。

当時のロンドンが20％、パリでも10％という状況だったのにです。

ちなみに今現在、日本全国に小学校が２００００校、東京都に１３００校あります。

寺子屋の生徒数は10〜１００人ぐらいでしたから、比較にはなりませんが、教育熱の高さに驚かされます。

寺子屋は身分に関係なく誰でも入ることができました。授業料はありましたが、貧しい家の子供は免除されました。

そこでは、「読み、書き、そろばん」をできるように教えてくれます。

百姓は農業に役立つ知識を教わり、商人や職人はそれぞれの職種に役立つ知識を教わります。

武士は藩校や私塾に通って、指導者としての知識を身に付けます。

基本的な授業は「素読」と「講釈」でした。

「素読」は、「論語」や「大学」などの四書五経を先生に従って全員で音読します。それを何回も繰り返し、暗唱できるようにします。

「講釈」は、文章の意味を分かりやすく教えてくれます。

この二つが主な授業だったのですが、いずれも受け身の学習で、教える側には都合が良くても、受ける側は理解力の違いによって効果はまちまちでした。

特に太平の世が続くと、武士たちは目的を見失い、贅沢三昧《ぜいたくざんまい》に暮らして借金が増え、商人に頭が上がらないという状況も出てきました。

そこで武士のモラルを上げるため、新井白石や荻生徂徠《おぎゅうそらい》など儒家たちは儒学による教育の立て直しを図りました。

その中で、荻生徂徠が始めたのが「会読」でした。

人間性修養の役割もあった「会読」

記憶という観点で見た時、最も効果的な学習法は、人に教えることです。

通常、「講釈」を聞いても記憶できるのは、わずか5％です。何もしなければ95％は忘れてしまいます。「黙読」で10％、「音読」で20％です。

ところが、人に教えると90％記憶できると言われています。

これは本当です。

会読をするためには、まず土台となる知識が必要です。

素読と講釈の授業をきちんと受けていないとできません。

素読や講釈には先生が必要ですが、会読には必要ありません。

参加した生徒が、順番に受け持ったテキストを先生に代わって講釈するからです。

面白いのは、講釈の出来映えを評価するのは先生ではなく、生徒たちなのです。

まず、７、８人の生徒たちが車座になって座ります。

一人の生徒が講釈をします。

残りの生徒たちが批評や質問をします。

時には、意見が対立して討論になります。

評価が割れて収拾がつかなくなった時だけ先生が仲裁しますが、もし自分の講釈が間違っていたら、潔く受け入れなくてはなりません。

人生の中ではよくあることですが、否定された時にどういう態度を取るかが大切です。

素直に受け入れられる人は、正しい指導者になるでしょう。

しかし、そうでない場合、これを克服するのは容易ではありません。

会読は学習効果が上がるだけでなく、人間性の修養にもなるのです。

さらに、身分にかかわらず自由な討論ができるので、人間関係が広まります。こういう効果が理解されることによって、幕末にはほとんどの藩校と私塾が取り入れました。

明治時代に会読の伝統が消えていった

吉田松陰が主宰した松下村塾でも会読が取り入れられました。松陰自身、全国の藩校や私塾の会読に参加して、多くの知識と同志を得ました。幕末に有為な志士たちが揃《そろ》ったのも、会読によってつくられた自由闊達《かったつ》な討論の空間があったからです。

会読によって「問題解決型」の人間がたくさん生まれました。しかし、不思議なことに明治になると会読は忽然《こつぜん》と消えてしまうのです。そこには深い理由があります。

江戸時代は、士農工商のように身分がはっきりしていました。どんなに能力があっても、身分を変えることはできませんでした。ところが、明治になると四民平等となり、能力次第で、出世できる時代となりました。

そして、その目安が試験でした。

ですから、試験で良い点が取れる生徒をたくさんつくる授業が重視されるようになりました。

学校制度が始まると、西欧の教育制度が導入されました。

国語と算数だけでなく、理科、社会、英語、芸術、哲学、体育など科目が多くなると、一人の先生がたくさんの生徒を指導する受け身の学習が多くなります。

その結果、時間がかかって少人数でなければできない会読はやらなくなりました。

一定の知識を身に付けた国民を育てるには、とても良い制度ですが、答えのない問題に果敢に取り組んでいく「問題解決型」の人間は、生まれにくくなったのです。

43とも体験談⑤

「夫の帰りが早くなって、少しずつ会話ができるようになりました」（M・Iさん）

夫とはテニスで知り合い、結婚しました。

彼はスポーツ好きで、登山も本格的です。とこ

ろが、あることがきっかけで家庭内別居状態にな
り、私も鬱《うつ》になってしまいました。
夫が怖くて話し掛けられません。娘はすでに嫁
いでしまって、現在は、息子と３人暮らしですが、
食事はそれぞれ別に取っています。
何とか夫婦のよりを戻したいと思っていたとこ
ろ、友人から「４３とも倶楽部」を紹介されました。
参加してみると、そこでは自分の事情を話して
も全部受け止めてくれるので、何でも話せます。『い
のちの言葉』も、時々に相応《ふさわ》しい言葉が出てきて、
涙が出るほど感動することが多々あります。
自分の感想に対して褒めてもらうと、こんな自
分でも大丈夫なんだと、自信が少しずつ出てきま
した。そこで、勇気を出して、夫にまず挨拶をす
るようにしました。
その次は夫の名前を言って挨拶するようにしま

した。さらに笑顔をつくって挨拶をしました。すると、だんだん、夫の帰りが早くなって、少しずつ会話ができるようになりました。

さらに、引きこもっていた息子が、自分でバイトを探して、働くようになりました。

また、母とはずっとソリが合わなかったのですが、実家に帰った際に、誘って一緒に「４３とも」ができるようになりました。

43とも体験談⑥

「閉じていた娘の心が開いてきた」（Y・Kさん）

私は夫と娘と3人で暮らしています。息子はすでに自立し一人暮らしをしています。

娘は小学生の頃、いじめを受けたショックで、自分の気持ちを素直に話せなくなってしまいました。ピアノが大好きで、音楽の道に進もうとしましたが、いろいろな事情があって諦めました。

ピアノを弾いている時が、唯一、自己表現できる時間です。時々、何か話したくなると、夜中でも付き合って一生懸命に聞くようにしていました。

そんな時に「43とも」と出合って、週に1回、娘とするようになりました。

『いのちの言葉』を輪読して、気になったところに線を引いて、その理由を三つ書くのですが、最初はとても時間がかかって、一つしか書けないこともありました。自分の気持ちを表現することに、とても抵抗があったようです。

しかし、回を重ねるごとに短い時間でまとめることができ、感想文も上手になってきました。娘は「人の話を受信するだけになっていた心のアンテナが、自分のことも発信できるようになった」

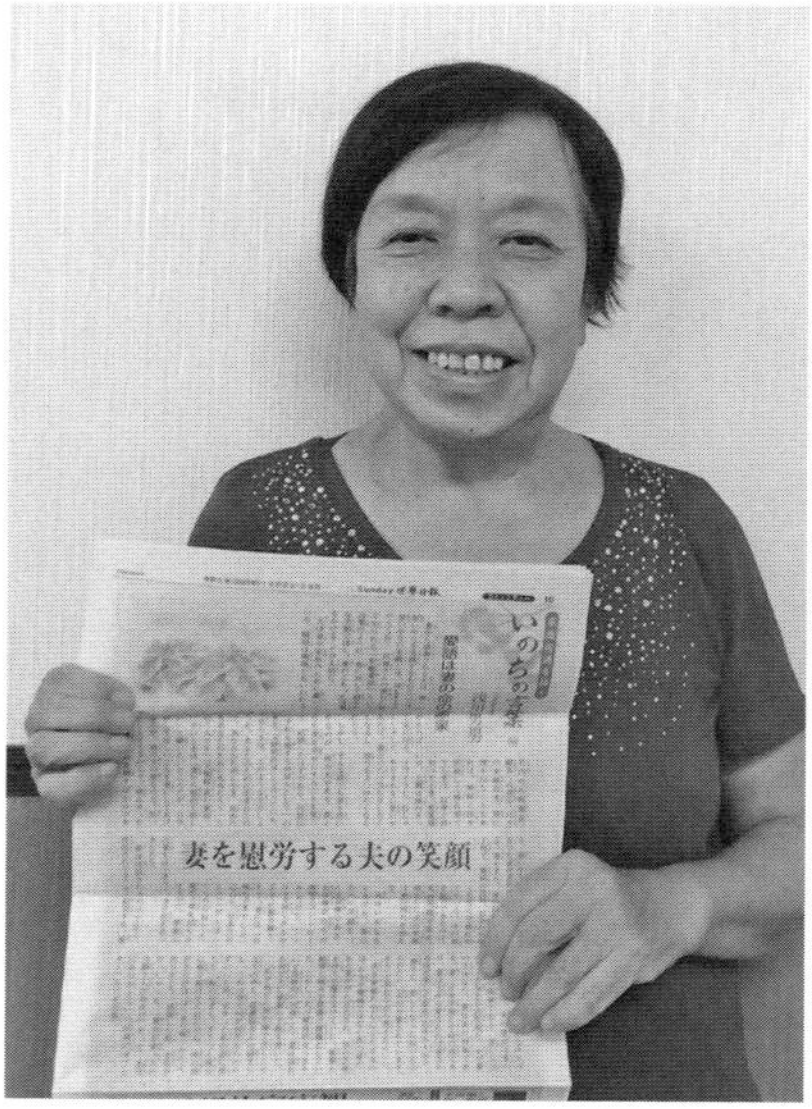

と言っています。

最近では、私よりも深く心理状況を探って褒めてくれるようになりました。

息子とは３カ月に１度くらいですが、「４３とも」をやっています。

息子は夫との関係があまり良くないので、これから「夫婦４３とも」をして、夫の心も開いて、息子と自由に交流できるように努力していきたいと思います。

●会読方式でトップレベルの学力を誇る小さな村

最近、主体的に学ぶ「会読」のような授業を取り入れて、日本一の学力を維持している地方の村があります。

それが、秋田県東成瀬村です。

岩手県との県境にある村で、人口は２５００人。スーパーや学習塾はなく、多くの村民は村外の会社に勤めています。

三世代同居が多く、おじいさん、おばあさんが孫の面倒を見ています。

冬は寒さが厳しく、2～3メートルの雪が積もる豪雪地帯でもあります。

小学校と中学校は一つずつしかなく、しかも1学年十数名です。

ちなみに秋田県と言えば、国際教養大学という素晴らしい大学があります。全寮制で授業はすべて英語。１年間の海外留学制度があり、「知の闘技場」と謳《うた》われる中嶋記念図書館は、24時間３６５日開館。卒業生の多くが世界で活躍しています。

秋田県の人口は約95万人と少ないのですが、子供たちの学力はこれまで全国トップレベルを誇ってきました。

わけても東成瀬村の特徴は、秋田大学と連携しながら「探究型授業」の理想を追求しているところです。

毎年、３分の1ずつ教師が替わるのですが、小学校から中学校まで教育方針が一貫しています。

私立学校であればそれも可能ですが、公立学校ではなかなかできるものではありません。

ところで、面白い授業をする先生に出会うと、その科目が好きになり、面白くない先生に代わると、嫌いになるということはよくあります。

それが東成瀬村の小学校と中学校では「探究型授業」を徹底しているので、全部面白いのです。

だからこそ、こんなに小さくて不便な環境にもかかわらず、毎年、国内外から教育関係者が視察に訪れます。

「探究型授業」の反対は、「受動型授業」です。

「受動型授業」は、答えと解き方を教えてもらって、それを覚える授業です。

正確に覚えたかどうかをテストによって確認します。

日本の教育のゴールは「大学受験」だと言われます。

曲がりなりにも大学に入学すれば、後は無難にテストで及第点さえもらえれば、単位が取得でき卒業できます。

目指すは有名大学に滑り込み、学歴というラベルをもらって、一流企業に入社することです。

ところが、社会に出ると、答えのない問題にばかりぶつかります。記憶力よりも応用力が問われることになるのです。

東成瀬小学校の授業風景

元来、学習の喜びは、覚えた解き方を応用して、違う問題が解けた時です。

ここでグッと自己肯定感が高まります。

自分を褒めてあげたくなります。

この喜びを味わわせるのが、東成瀬小学校の教育方針で、「勇んで登校、次々と発表、満足して下校」がスローガンになっています。

同小学校の授業では答えを教えません。

子供たちに考えさせて、発表させるのです。

その時、ほとんどの子供たちが手を挙げます。

これは驚くべき光景です。

しかし、よく見るとその手はグー（同じ意見）だったり、パー（意見）だったり、チョキ（別の考え）だったり、さまざまです。

自信のない子は親指と人差し指を立てます。この「ハンドサイン」を決めることによって、誰もが臆することなく手を挙げることができて、疎外感を感じなくなります。

そして、答えが違っていたとしても誰も笑う人がいません。教室の中は安心と信頼感で満たされています。

先生は、さまざまな意見の交通整理をするファシリテーター（進行役）に徹します。

子供たちは自分事として問題解決に取り組み、試行錯誤からいろいろな成功パターン、失敗パターンを経験し、記憶していきます。

自分が発言しなければ、成功も失敗も経験できないのです。

この授業では、何を言っても批判されない安心安全な空間が用意されています。

ですから、子供たちは、自分が自由にひらめいたことを臆することなく発言できるのです。

すると先生は、よくできたこと、チャレンジしたことをとても褒めてくれます。たとえ間違っていても、それを批判するのではなく、「こうしてみたらどうだろう」とアドバイスして、子供たちに考えさせます。

ところで、「探究型授業」が他になかなか広まらないのは、子供たち自身に主体的に取り組むという習慣がないことと、すぐにテストの結果に反映しないためです。

明治になって、忽然と会読がなくなったのと同じ理由です。

東成瀬村は、小学校と中学校の教育方針が一貫しているため、じっくりと「探究型授業」に取り組むことができるのです。

これが習慣化され、学ぶ喜びを感じるようになると、子供たちはめきめきと力を付けていきます。

また、一人で家庭学習をしても、継続して学ぶことができるのです。

それを親や祖父母も関心を持ち、応援しています。

世に有為な人材とは、学ぶ喜びを知っている人といえます。

人間の真の喜びは、何歳になっても「自分の成長を確認できた時」にあります。

東成瀬村には、不登校や学級崩壊がありません。

これは奇跡と言って良いでしょう。

●ノーベル賞受賞者が多いユダヤ人の知恵

「家庭教育」をとても重視している民族があります。

それが、ユダヤ人です。

ユダヤ人の祖国である「イスラエル」という国は、１９４８年に建国されました。

それまでの２０００年間は、流浪の民として世界中を放浪しました。

ユダヤ人は、イエス・キリストを殺害した民族として、キリスト教国から迫害されてきました。

極め付きは、第２次世界大戦中のヒトラーによる６００万人のホロコーストでした。

そういう経緯からユダヤ人は、いつでも簡単に持ち運べる宝石や、利ザヤを生む金融に力を入れました。

しかし、それ以上に力を入れたのが教育だったのです。

なぜなら、頭の中の知識は誰も盗むことができないことを知っていたからです。

世界人口の０・２％でしかないユダヤ人が、世界の富の半分を持ち、ノーベル賞受賞者の２割を占めると言われています。

ところで、ユダヤ人は学校での成績を重視しません。

そういう知識は、社会に出てもあまり役に立たないということを知っているからでしょう。

それよりも、「自分の葬式の時に何人の人が泣いてくれるかが大事だ」と教えます。

そのためには、「人の役に立つことをして、たくさん友人をつくりなさい」と教えるのです。これは深い知恵です。

知識ではなく、幸せに生きるための「知恵」を教えたのです。

これが、国を失っても民族が滅びなかった大きな理由です。

それを教えるのが母親の重要な役目でした。

そのテキストが、4000年間受け継がれてきた「タルムード」です。

日本で言えば「古事記」や「日本書紀」に当たります。

この教育が連綿と続いてきたので、ユダヤ国家の再建が実現できたのです。

ユダヤ人は、子供に先生役をさせる「子供先生」というものをつくりました。

学校から帰ってきた子供が、今日勉強してきたことをお母さんに教えるのです。

お母さんは、それを熱心に聞き、時には質問をしながら、「分かりやすく教えてくれてありがとう」と言って、褒めてあげます。

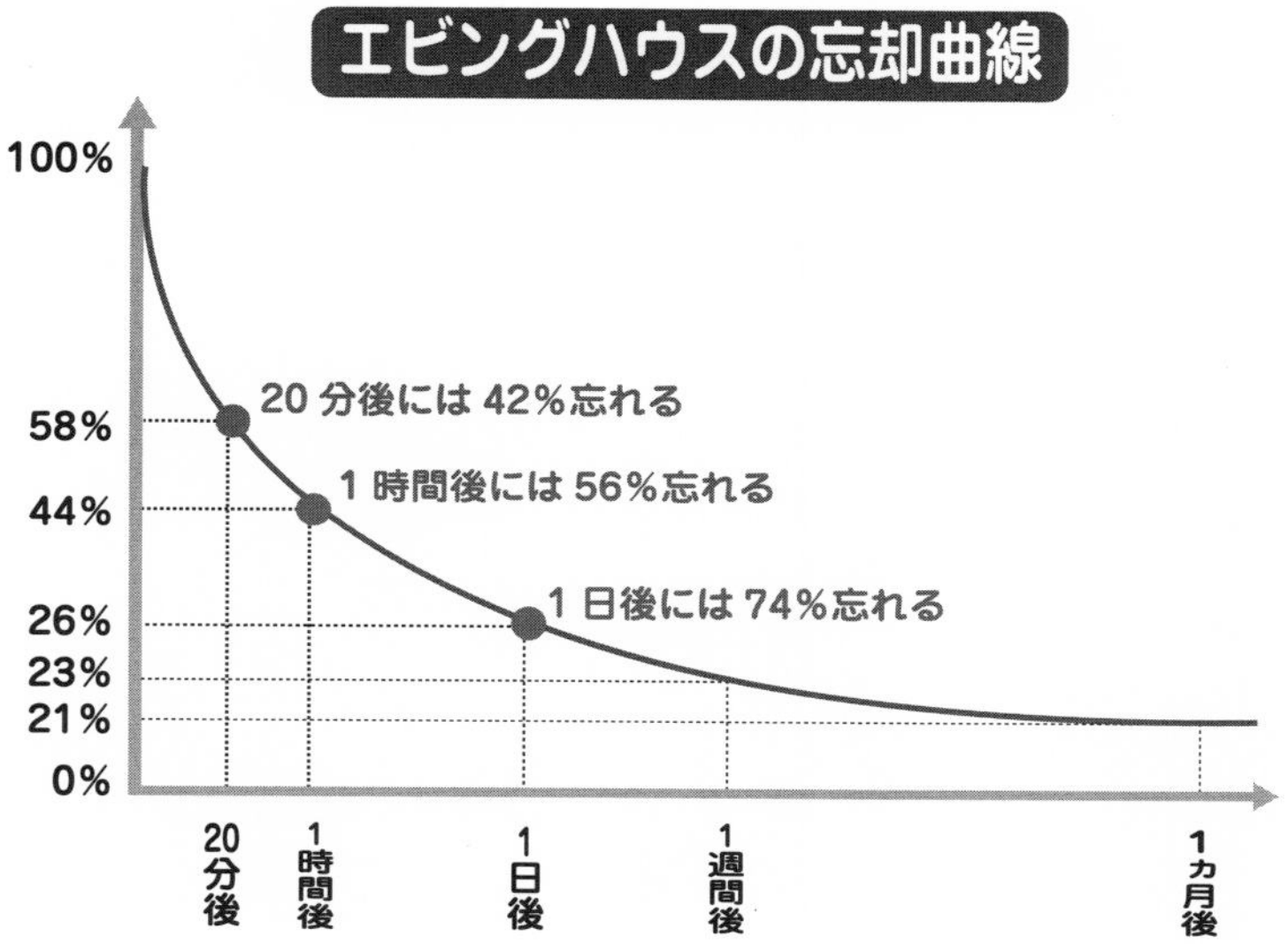

人間は、知識をインプットしてもそのままにしておくと、覚えたことの74％を1日で忘れてしまうそうです。（ドイツ心理学者ヘルマン・エビングハウス博士の「忘却曲線」）

一方で、覚えたことを誰かに教えると、90％も記憶できるそうです。（アメリカ精神科医ウイリアム・グラッサー博士）

お母さんがいなくても、学んだことを復習して振り返ると、「子供先生」ほどでなくても記憶できるようになります。

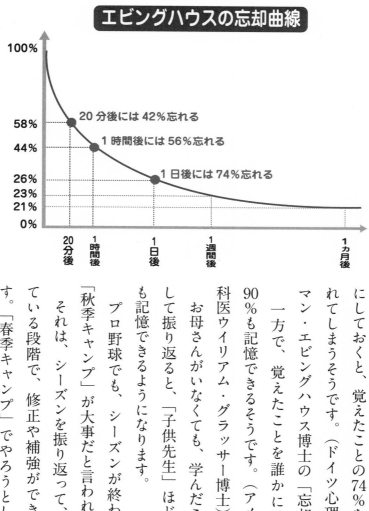

プロ野球でも、シーズンが終わった後の「秋季キャンプ」が大事だと言われています。

それは、シーズンを振り返って、体が覚えている段階で、修正や補強ができるからです。「春季キャンプ」でやろうとしても、感覚を忘れてしまい、修正がうまくできなくな

るからです。「鉄は熱いうちに打て」ですね。日本では家庭教育をないがしろにして、学校に責任を押しつけています。

中には、子供の成績不振を、すべて学校のせいだとして自己チューかつ理不尽な要求を突き付ける「モンスターペアレント」が増えており、それに伴ないうつ病を発症する先生も少なくありません。

このままでは、日本がダメになってしまうと心配した安倍晋三首相（当時）が、教育基本法を改正して、「子供の教育の第一義的責任は親にある」と定義しました。

「親子43とも」は、子供が心を開いて何でも話してくれるようになることが報告されています。

子供の自己肯定感も高まるため、どんな

ことにも主体的に取り組むようになることが期待できます。子供のやる気は、良好な親子関係から引き出されます。

43とも体験談⑦

「息子の成長に役立っています」（K・Oさん）

自営業をしていた夫が病気で亡くなってしまったため、息子に後を継がせたいと思いましたが、内向的な性格だったので、コミュニケーション力を上げるため、２人で「43とも」を始めました。

お互い忙しい生活をしていたので、時間が取れるのは夜中の０時を回ってしまうのですが、それでも毎日行いました。

『いのちの言葉』のテーマは、夫婦円満、家庭円満の内容が多く、独身だった息子には共感しづらかったと思いますが、結婚の予定も決まっていたので、前向きに取り組んでくれました。

輪読し、感想を述べ、褒め合い、その後、今日の業務や明日の予定を報告しながら、反省や気付きなど心に思ったことを話すようにしていたところ、だんだんと自分の気持ちを表現することに慣れ、自信が付いてきたようです。

ある時、取引先の方と堂々と話し合っている姿を見て、我が子の成長を感じるとともに「43とも」

効果だと、感動しました。これからも「４３とも」を楽しく続けていこうと思います。

４３とも体験談⑧

「主人の心が解放されて笑顔が増えました」（M・Nさん）

主人は小さい頃、10歳年上の兄から「お前は性格が悪い、だらしない、根気がない、取り得がない」と馬鹿にされていたそうです。

そう言われる度に自信をなくし、それがトラウマになりました。私たちは、「夫婦４３とも」を土曜日か日曜日の夜、毎週やっているのですが、その中で主人の過去について知るようになったのです。

主人の日頃の言動の背後に、そういう理由があったことを初めて知って、ますます興味が湧き、以前より熱心に耳を傾けるようになりました。

続けるうちに、主人の心が解放されてきたせいか、笑顔が増えてきました。

最近は、毎週送られてくるサンデー世界日報の『いのちの言葉』が待ち遠しくなりました。
これからも「夫婦43とも」を通して、夫婦が一つになれるよう頑張ります。

●読書会とスマホの違い

現代では、スマートフォン（スマホ）は、生活の必需品となっています。それこそ毎日のように、スマホ画面を見て、指でなぞっている姿を見掛けます。特に電車通勤で、みな一様にうつむきながらスマホを見ている光景は異常なほどです。１日平均で、スマホを４時間使っているという話もあります。若年世代に限ると、その２割が７時間も使用しているというデータもあります。こうなると、もうスマホ依存症といっていいでしょう。

ベストセラーになった、スウェーデンの精神科医アンデシュ・ハンセンの『スマホ脳』（新潮新書）という著書があります。

この本の中には、著名なＩＴ企業の先駆者であるアップルのスティーブ・ジョブズやマイクロソフトのビル・ゲイツが、自分の子供にはスマホを持たせないという衝撃的な話が紹介されています。

自らが巨大ＩＴ企業経営者であるにもかかわらず、なぜ彼らが自分の子供にスマホを禁じたのか。

それは、おそらくスマホはあらゆる面で便利であるけれど、心身がまだ未発達の若い時期には、かえって成長を阻害すると考えたからでしょう。

スマホに慣れてしまうと、自分で考えたり、新しい発想で何かを企画したり実践したりする能力が衰退してしまうということです。

心身が成長すれば、ある程度、理性によってスマホに依存することを抑制できるようになります。

その時までは、スマホに頼りきりになるのではなく、書物に親しみ、分からない単語や言葉は辞書を引くというアナログ対応が大事なのです。

幼少期に、こうした手順を踏むことが、心の成長と物事を判断する思考力や理解力の深化につながっていくのです。

赤ちゃんは生まれた時は寝たきり状態です。だんだん、ハイハイするようになり、やがて、２本の足で立つことができるようになります。

もし、これらの過程を飛ばして、ハイハイなしで２本の足だけで立ってしまうように、スマホのような便利な道具を利用すれば、どのような結果をもたらすか。

まだエビデンスはないにしろ、おそらく正常な心身の発達を阻害していくのではないでしょうか。

紙に印刷された新聞や書物が重要なのは、そうした心身の成長を促してくれるツール、教材だからです。

もちろん、こういう期間を経て、ある程度成長したら、先のＩＴ企業経営者もそうだったように、便利なデジタル機器の使用も解禁すればいいのです。

例えれば、「第二の脳のような存在」、それがスマホと言っても良いでしょう。何か分からないことがあっても、検索すればすぐ答えが出るので、「考える」必要がなくなります。

それは、逆にいうとスマホがなければ何もできなくなる可能性がある、ともいえるのです。

便利ではあるけれど、注意を払わないと、いずれ予期せぬ落とし穴が待っているのです。

紙とスマホでは脳の働きが違う

言語脳科学の専門家である東京大学大学院の酒井邦嘉教授も、スマホやタブレットで読むのと、紙で読むのとでは脳の働きは明確に違うと指摘しています。

紙で読む場合、手触り、質感、本文レイアウト、書体などの情報を脳は同時に処理し、文字情報と一緒に記憶に定着させます。

検索機能はとても便利で労力を減らすことに役立ちますが、自分の頭で物事を考えなくなると分析しているのです。

脳に入力される情報量は、映像→音声→文字の順で少なくなります。

文字のように情報量が少なくなればなるほど、それを想像力で補おうとして脳は活性化します。

逆に脳から出力する場合、メール→電話→対面の順番で創造力が要求され、脳は鍛えられます。

脳を鍛える一番良い方法は、紙で読むことと、人と会って会話を楽しむことです。

創造力を高めるためには、新聞や本を読んで、それをノートに手書きでまとめることです。

学校では安易にデジタル教科書を導入せず、何度も紙の教科書を読み返し、要点をノートに手書きすることによって、脳は鍛えられ、創造力が育まれていくのです。

今、そうしたアナログとデジタルのせめぎ合いの分水嶺《れい》、ちょうどターニングポイントに来ているのです。

なお、高齢者にとっても、新聞などのアナログメディアを読むことは、アンチエイジングに効果があることも知られています。認知症予防にも同様です。

紙に印刷された書籍や新聞・雑誌を読むことは、面倒で不便な作業のように見えますが、実は知的な成長にはかえって近道になるのです。

加えて、アナログメディアの代表である新聞の良い点は総覧性です。

雑誌はある意味では、読者の興味を引く話題しか取り上げない傾向がありますが、新聞はそうではありません。

新聞は、最初の1ページ目から世界や日本のあらゆるジャンルのニュースが目に入るのに対して、テレビやラジオも、見たくなくても聞きたくなくても、一方的に流しっぱなしですから、一方通行のメディアといえます。

それならば、双方向性のデジタルメディアであるインターネットの方が優れているのではないか、という指摘が来そうですが、デジタルメディアには、フェイクニュースが入り交じり、真実とウソの区別が容易ではありません。

新聞はまず、記者が取材して書いた原稿について、料理を作る時の材料の吟味に相当するデスク作業があります。

さらにそれを裏取りして、ウソと真実を判別し、最後に校閲という間違いをただす部門を経てようやく記事となるのです。

要するに、それが発表していいものなのかどうか、何人もの目を通してふるいにかけているのです。

それとともに、総合的なメディアである新聞には、興味のない分野でも自然と目に入ることで、思いがけない知的刺激を受け、見識が広がります。

デジタルの場合は、興味のある分野をＡＩが選択して優先的に見せるため、どうしても情報が偏りがちになり、視野が狭くなってしまう欠点があるのです。

43とも体験談⑨

「夫と深い交流ができるようになりました」（Ｍ・Ｙさん）

私たち夫婦はどちらかと言えば仲の良い夫婦と思われがちですが、実は、夫は本質的な深い話が苦手で、私は寂しく感じていました。

「43とも」を始めた時は、褒められて嬉しかったのですが、夫は形式的に付き合っているという感じでした。

そんな時、近所の若い夫婦と４人で「４３とも」をしました。

すると、夫は一生懸命感想を述べ、褒めるではありませんか。また、その夫婦から思いもよらない賛美を受けて、夫は「４３とも」に対して前向きになってきました。

そして、「夫婦４３とも」を続ける中で、夫が心の奥で思っている「声ならぬ声」を推し量れるように

なってきました。

今まで夫に対して持っていた不満が少しずつ解けてきて、私の声や態度も変わってきました。嫁いだ娘とは、たまに「43とも」をやりますが、息子たちとはまだできていません。

夫とより深いコミュニケーションが取れるようになっていけば、息子たちともできるようになると、希望を持って続けていきます。

43とも体験談⑩

「主人が心の内を話してくれるようになりました」（S・Fさん）

「今までいろいろ頑張っても思うようにならなかったことが、43ともをしていくと本当に変わるから！」と勧められ、「43ともで変わるってどんな感覚?」と思いつつ、主人と毎週「43とも」を始めました。

主人から「確かにそうだね、ママはそう思うんだ。同感するよ」とか、「難しいなあ、分かっているけど、これが会社では本当に難しくて絶望しそうになることもあるよ」と言われた時は、あまり褒められている感覚にならず「お父さん、43とものルールと違う」と言いそうになったこともあります。

ただ、家で会社のことなどほとんど口

にしない夫から「だから毎日通勤電車の中で、本を読みながら自問自答しているんだ」という言葉を聞いて、主人の話を聞く姿勢のない妻だったと反省し、改めて家族のために頑張ってくれていたことに本当に感謝しました。

最近は、リビングでの家族の時間が増えたように思います。

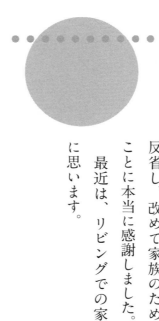

第2章

実践編「43とも」のやり方

●「43とも」読書会をまずはやってみよう

「43とも」のおおまかな流れはこうです。まず決められた題材を参加者で輪読します。その中で心に残った部分や印象的だった箇所に線を引きます。そして、なぜそこを選んだかの理由を述べる形で感想を書きます。最後はその感想を全員が発表し合います。（43とも専用の感想用紙を使用。時間配分も決まっていて、トータル43分）

夫婦で始める場合は、気恥ずかしさもあり、向き合うことが難しい場合があります。ですので、最初は、知人、友人と共に始めてみたらどうでしょうか。また「43とも」は、始まってから6年を経過しており、全国各地に「43とも倶楽部」が存在しています。そこに入って始めるのも良いでしょう。

近所に見当たらない場合は、本書を参考に、やり方、手順、注意すべきことなどを読んで始めてみてください。

題材は、前述したように、サンデー世界日報に連載されているコラムやエッセーがお薦めです。手元になければそれに類する読み物（短時間で読めるもの）を使用します。

ちなみに、令和6年（2024年）4月7日号の『家庭円満を招く　いのちの言葉』（浅川勇男氏）と『43とも講座―自分研きのススメ』（鹿島和人氏）のさわりを紹介します。

この二つの連載は、「43とも」によく使われる題材です。

このときの『いのちの言葉』では、やなせたかし氏とその代表作である「アンパンマン」を取り上げています。

一般的に幼児向けアニメとして認識されているであろうアンパンマンですが、その原点には、やなせ氏の筆舌に尽くしがたい経験とそこから得た深い悟りの世界がありました。

2011年3月11日の東日本大震災が子供たちに恐怖を刻み込み、その笑顔を奪ったのでしたが、その時ラジオから「アンパンマンのマーチ」が流れてきて、子供たちは笑顔でコーラスし、大人たちは感動して涙し、やなせ氏も泣いたというエピソードが紹介されています。

その「アンパンマンのマーチ」のワンフレーズ「なんのために生まれて　なにをして生きるのか」は作詞者であるやなせ氏自身への問い掛けだったといいます。

そして若き日における艱難《かんなん》辛苦の人生行路の末、たどり着いた価値観が「人生はよろこばせごっこ」というものでした。

それを体現したのが、飢えた人のために自分の顔をちぎって食べさせるという前代未聞のヒーロー、アンパンマンだったのです。

1ページに収められたこのやなせたかし氏の話は、短い時間で読み終えますので、長い本を読むようなストレスはありません。

話の内容も、感動的なものなので、感想もすぐ浮かんでくると思います。

ただ、それをどう言葉で表現するかが難しいと言えます。

「感動しました」だけでは、話が続きませんから。

そのあたりのやり方も、ここから詳しく説明していきます。

また、『43とも講座―自分研きのススメ』は、前号までの『43とも講座―言葉のチカラ』を改題し、4月7日号から新しく始まりました。

第1回目は、自分研きとは、他人との比較ではなく、「自分らしさを輝かせる」ことだと教えます。

具体的には、人がそれぞれに与えられた「唯一無二の個性」を引き出すために、自分の強みや好きなことを意識し、ワクワク感ややりがい、生きがいを感じていくことだということです。

こちらは、43とも倶楽部の意義と価値を毎回教えてくれる内容となっています。

●大事なポイントは「受容と賛美」

「４３とも」の一番大事なポイントは「受容と賛美」です。すなわち参加者を笑顔で受け入れ、褒めてあげることです。

たとえ自分が上手に感想文を書けなくても、否定したり批判したりせず、良いところを見つけて褒めてくれます。すると、

「こんな私でも受け入れてもらえた」

「今のままでも良いのだ」

という安心感が生まれ、「私はここに居ても良い」という居場所ができます。

これを何度も体験することによって、硬かった心が柔らかくなり、冷たかった心が温かくなり、重かった心が軽くなっていくのです。

また、日頃から褒め慣れていない人は、褒め言葉を知りません。人が褒めているところを見て「こういう褒め方もあるのか」とか、褒め言葉を言われて、「嬉しかった」という体験を通して、褒め言葉が自然と増えてきます。

このように感想文を発表して、それを聞いた残りの人が一人ずつ褒める。全員褒め終

わったら、次の人が感想文を発表して、それを聞いた残りの人が同様に一人ずつ褒める。

これを一巡する時間を「感想発表」の時間と言います。

4人でやるとだいたい20分で終わります。

ここがキチンとできると全員が満足し、次の「自由討論」に入っていけます。

そのために必ず守ってもらいたいルールが三つあります。

第1のルールは、感想文をそのまま発表し、書いていないことはしゃべらない。

つまり、感想文はそのまま読むということです。そうしなくてはならない理由が二つあります。

一つは、書いていないことをしゃべっても良いとすると、話が長くなって止まらない人が出てきて、20分では終わらなくなるからです。

感想文は、わずか8分間で書かなくてはなりません。

人前で発表するのでなければ、気軽に書けるかもしれませんが、人に聞かせるわけですから、緊張して上手に書けない場合もあります。

また、日頃文章を書き慣れていない人は、それこそ悩んだ末に一行しか書けなかったという場合もあります。

そこで発表する時に、書き足りなかった部分を補いたくなって話が長くなるのです。

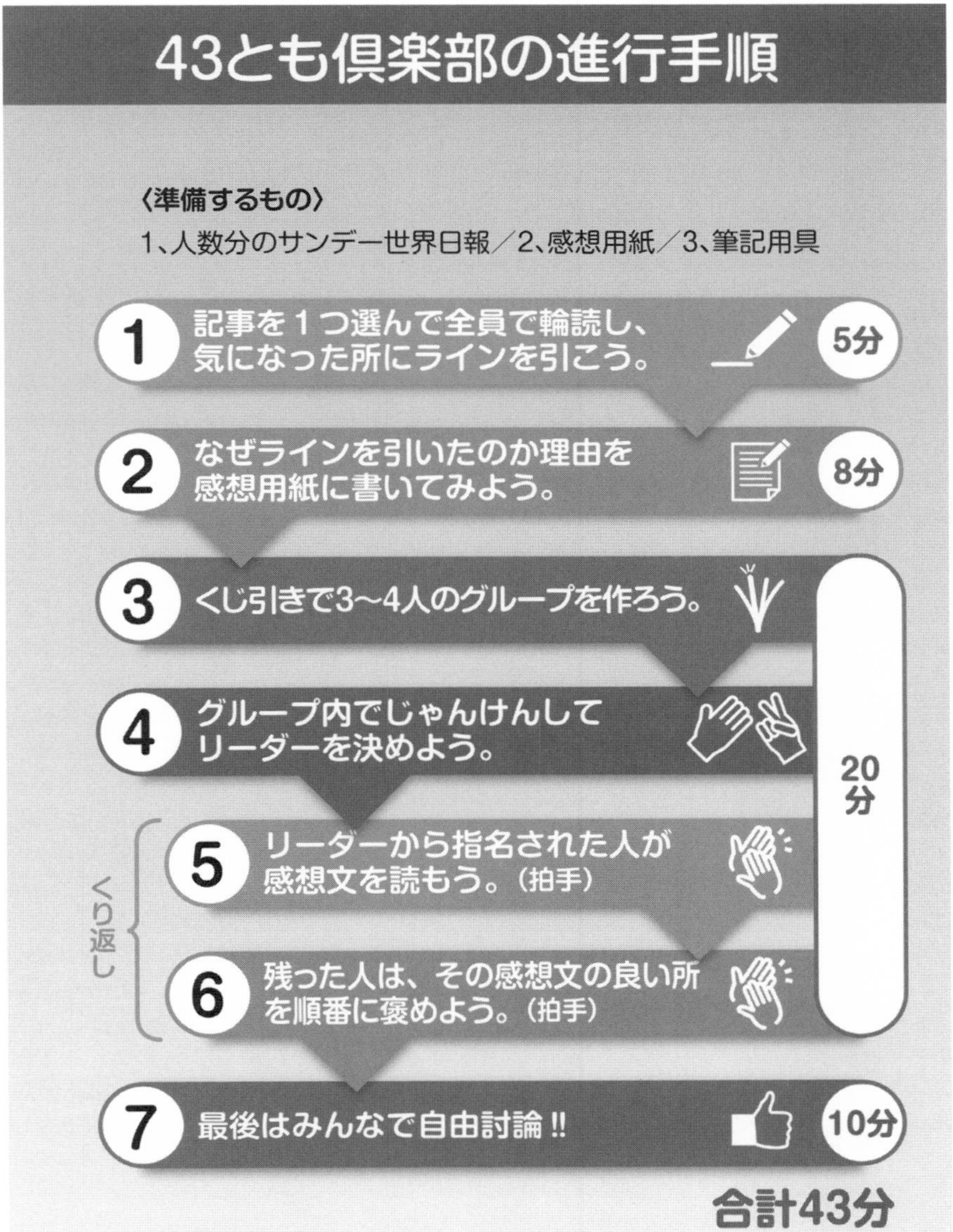
43とも倶楽部の進行手順
〈準備するもの〉
1、人数分のサンデー世界日報／2、感想用紙／3、筆記用具
1 記事を１つ選んで全員で輪読し、気になった所にラインを引こう。
5分
2 なぜラインを引いたのか理由を感想用紙に書いてみよう。
8分
3 くじ引きで3〜4人のグループを作ろう。
4 グループ内でじゃんけんしてリーダーを決めよう。
20分
くり返し
5 リーダーから指名された人が感想文を読もう。（拍手）
6 残った人は、その感想文の良い所を順番に褒めよう。（拍手）
7 最後はみんなで自由討論!!
10分
合計43分

二つ目の理由は、人の感想を聞いて、良いところを見つけなければいけないのに「私もそう思っていたから、その部分を付け足そう」と考えてしまい、聞くことに集中できなくなるからです。

そうなると、結局、盛り上がらない感想発表の時間となってしまいます。

自分が発表する時は、感想文をそのまま読むことで、余計な心配をしなくて済み、人の感想文を聞くことに集中できるようになります。

第2のルールは、人の感想文を褒める時、批判、解説、意見は絶対言わないことです。よしんばそれが的を射ていても、全く嬉しくありません。

褒める時は、「観点が良い」「この言葉が素晴らしい」「読み方が深い」「素直な性格が出ている」「実践しようとする意欲が凄《すご》い」等々、〝簡素で的確〟を目指しましょう。

43とも体験談⑪

「生涯の恨みが解けました」（N・Sさん）

私の父は、親から厳しい仕打ちを受けてきたようです。

信心深いのですが、母や私たちに対する態度は厳格で、よく手を上げました。そのため、家庭内での会話は少なく、姉も私も早くから家を出てそれぞれ結婚しました。

両親からは親の愛を感じたことがなく、恨みしかなかったため、家に帰るのも年に2回ほどでした。

コミュニケーション力をアップする「43とも倶楽部」に出合ったのは、3年前でした。

家族の課題を解決する方法として、良いとは思いましたが、最初はとても大変でした。雰囲気は硬く、賛美も出ませんでした。

それでも、回を重ねると両親が私を褒めてくれるようになりました。今まで両親から褒められたことがなかったので、本当に嬉しかったです。年に2回しか帰らなかった実家に、毎週金曜日に帰るようになりました。

今まで聞いたこともなかった父や母の生い立ちも話してくれるようになりました。父はよく料理を作ってくれるのですが、人参が嫌いだというのも初めて知りました。母も知らなかったようです。

これまで人参を使った料理をよく作ってくれていた父でしたが、こっそり自分の食べる分からは、除いていたそうです。

「43とも」を通して親の愛を感じられるようになり、私の中から感謝の思いが湧いてくるようになりました。

先日、初めて親にプレゼントを買いました。親子の情が深まる事によって、夫婦関係も良くなってきました。

私が明るくなり、家事もよくするようになったので、夫も凄く喜んでいます。「夫婦４３とも」にも付き合ってくれます。一生、解決は無理だと思っていた恨みが、「４３とも」を通して解けたのは、私にとっては奇跡です。

本当にありがとうございました。

●拍手して褒めること

第3のルールは、誰かが感想文を発表し終えた時と、残りの3人がその感想文を褒めた時、全員で拍手をしながら「素晴らしい！」と掛け声を掛けます。

これもルールですから必ずやってください。

「拍手」は、人を讃《たた》える時の最良の行為です。

欧米では特に感動した時、立ち上がって拍手する「スタンディングオベーション」のシーンをよく目にしますね。

「拍手」を受けるとそれだけでも嬉しいのですが、さらに「素晴らしい！」の一言が加わると、まるで「愛のシャワー」を浴びているような感覚になります。

4人で行う場合、感想文を発表すると、合計4回も「素晴らしい！」と言って褒められ、拍手を受けられます。

体験してみると分かりますが、本当に心が温かくなり、柔らかくなり、軽くなってきます。

また、この「素晴らしい！」コールには、もう一つのメリットがあります。

「褒める力」は能力といっても良いものです。普段褒め慣れていない人は、すぐに褒めるのは難しいものですが、トレーニングを積んでいけば、必ず身に付いてきます。最初は上手に褒められなくても、「素晴らしい！」コールをすると、それだけでも喜んでもらえます。

ですから、初めてでうまく褒めることができなくても、相手はそれでも承認欲求が満たされて、心が解放されるのです。

最初は、相手から「どこがどのように素晴らしかったの？」と、突っ込まれることがあるかもしれませんが、「褒める力」が付いてくると、自然に「褒めポイント」を見つけられるようになり、相手が感動する「褒め言葉」が出るようになってきます。

ジャンケンをしてリーダーを決める

この三つのルールをしっかり守って、感想発表の20分間を過ごすと、参加した全員の承認欲求が満たされて、特別な空間が生まれます。

その土台の上で、最後の自由討論に入っていきます。

ところで、「４３とも」を始める前にまずやることがあります。ジャンケンをしてリーダーを決めるのです。

リーダーは、輪読、感想文の発表、褒めるための順番を決め、それぞれの時間管理をします。

そして、最後の自由討論は10分で終わるようにするのですが、この時だけは仕切ってはいけません。

話したい人が自由に話せるようにします。時には、無言が続いて間が持たない時があるかもしれませんが、できるだけ主体性を尊重して待ちます。

普段、私たちは、心にヨロイを着て、コミュニケーションを行っています。それは、自分が心無い言葉によって傷つかないための防衛本能です。コミュニケーションを取りながら、相手の性格や気分の状態を見極めて、少しずつ発信していこうとします。

そこで、ディスカッションを始める前に、「アイスブレイク（氷を解かす）」と称して、緊張を解きほぐすために、ゲームをしたり、冗談を言ったりするのです。

そういう意味では、20分間の感想発表は「アイスブレイク」と言っても良いかもしれません。

承認欲求が満たされると、心のヨロイが少しずつ緩くなって、ここなら私の悩みを言っても聞いてもらえるかもしれないという気持ちが生まれてきます。

どんな人にも悩みがあります。

そして、その悩みの８割は聞いてもらうだけで解決するといいます。

人生に悩み、海に身を投げようとした人が、「いのちの電話」に電話して、救われたなどの事例がたくさんある理由もそのためです。

４３とも体験談⑫

「家庭が平安になりました」（T・Yさん）

夫は小さい頃、相当厳しく育てられたせいか、言動が激しく、我が家では夫婦や親子の喧嘩が絶えませんでした。

子供の前では夫を立てなければならないと思っても、なかなかそうできなかったことを反省しています。娘は結婚して家をすでに出ているため、今は息子と3人で暮らしています。

そんな夫ですが、実は、地域に尽くす人で、いろいろなボランティアを熱心にやっています。そういう中で、親子3人の「43とも」を始めました。日曜日の夕方や夜の時間に毎週やっています。お互いの感想を聞いて、良いところを賛美し、受け入れようと努力していきました。息子は父親に反発していましたが、だんだんと父親が取り組んでいるボランティア活動に目を向けるようになり、「とても自分にはできない」と、初めて夫を尊敬する言葉を口にしました。

その時は、夫も涙ぐんでいました。最初は夫婦が一つになるのは無理だと思っていましたが、私も夫の良いところが見えるようになって、180度転換されました。

今でも夫婦喧嘩はするものの、心に傷が残らなくなりました。娘が家に帰ってきた時は、みんなで一緒に「４３とも」をしています。また、月に1回は友達を家に呼んで「４３とも」をします。「４３とも」のおかげで、夫婦・親子が仲良くなって、家庭に平安が訪れました。

なぜ褒めることがいいのか

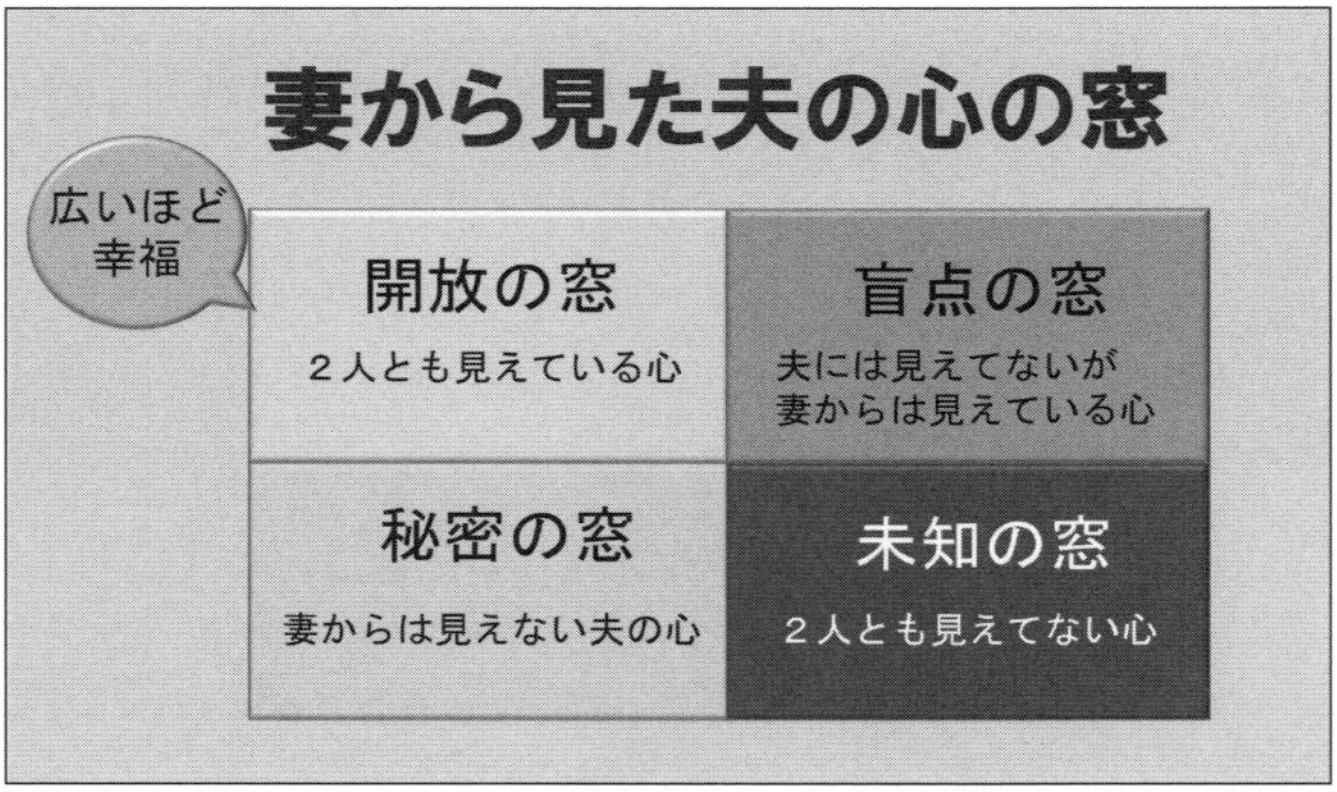

感想発表の時間で、参加者から褒められ、また参加者を褒めることによって信頼関係が深まると、この人たちならもっと内奥の話ができるかもしれないと思うようになります。

また、お互い好感度が増すため、その悩みを受け止めてあげようという気持ちにもなります。

この状態を的確に表す図がありますので、ご紹介します。

ジョハリの窓（ジョセフ・ルフトとハリ・インガムが発表した対人関係における気付きのグラフモデル）といって、人の心を四つの窓で表します。

ここでは、妻から見た夫の心の窓について説明します。

まず、最初に2人とも見えている「開放の窓」があります。夫も自覚しているし、妻も認識している部分です。

結婚後、共通の経験が増え、苦しかったことも楽しかったことも良い思い出となっている夫婦は、この窓がどんどん大きくなります。

次は「盲点の窓」です。夫は自覚していないが、妻からは見えている部分です。

人間は「なくて七癖」というように、本人は自覚していなくても、周りから見ていると習慣になっている行動があるものです。このような心を言います。

三つ目は「秘密の窓」です。

妻には言ったことがない夫だけの秘密です。この窓が大きくなると夫婦関係はギスギスしてきます。

最後は2人とも認識していない「未知の窓」です。

ここが開いてくると人生は豊かになります。

幸せな夫婦となる鍵は「開放の窓」を広げること

幸せな夫婦となる鍵は「開放の窓」を広げることですが、そのためには順番がありま

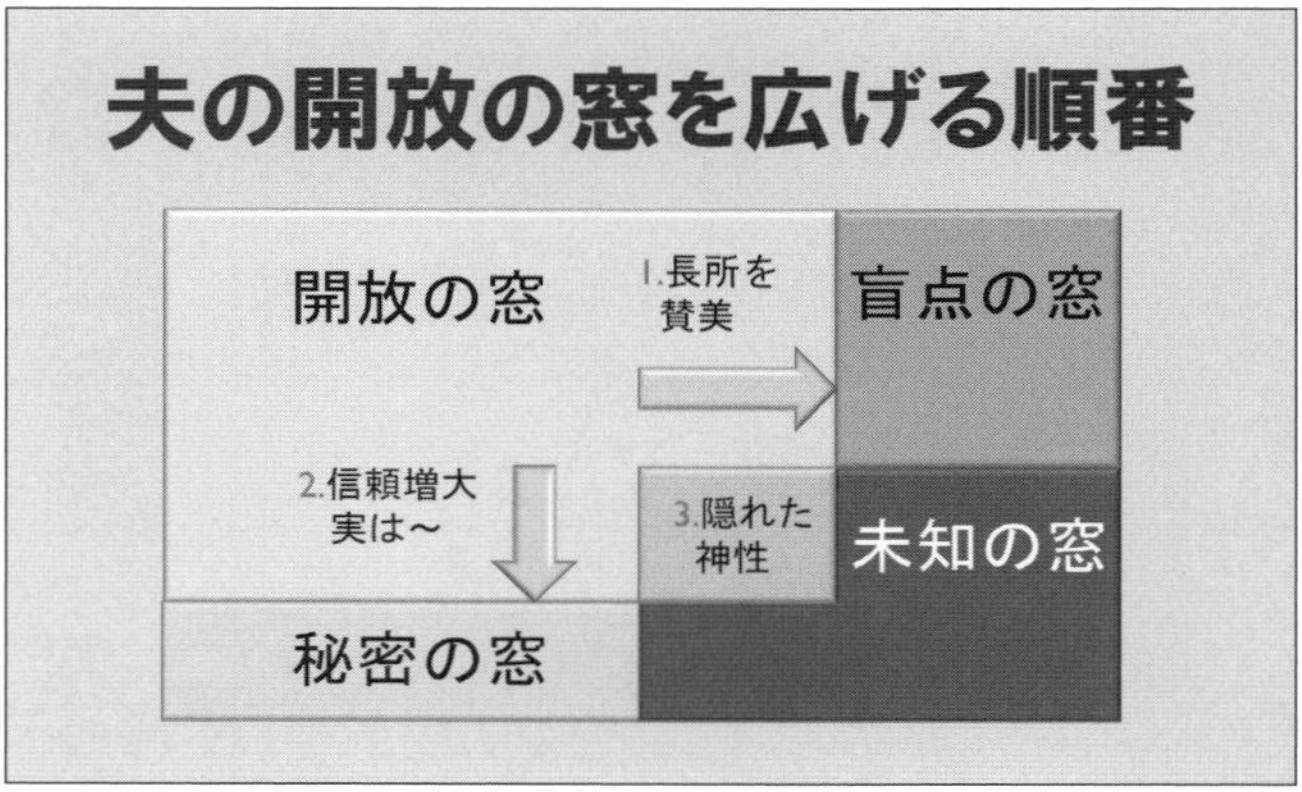

す。

まず「盲点の窓」を開けるのです。

これが「43とも」で行う感想発表に当たります。夫は自覚しておらず、妻から見える良いところを教えてあげます。

「あなたは自覚していないかもしれないけれど、こんな良いところがあるのよ」と褒めてあげるのです。

これはよく見ていないと発見することができません。

また、見方によっては短所も長所になります。頑固な性格は「意志が強い」、優柔不断は「人の意見をよく聞いてきちんと考慮する」、気まぐれは「いつも新しいことを考えている」などです。

すると、夫は気分が良くなって信頼関係が高まり、「秘密の窓」が開いてくるのです。

そうして、今まで話していなかった秘密を話し始めます。そういう環境が出来上がると、今度は「未知の窓」が開いて、思わぬアイデアや気付きが与えられます。これが「集団知性」と言われるものです。

この様な現象が現れる時間が自由討論なのです。ですから、「４３とも」で最も神秘的な時間は自由討論の時間だといえるのです。

43とも体験談⑬

「４３ともは心の交流」（Ｔ・Ｔさん）

夫は病気のため体が不自由になり、リハビリセンターに毎日通っています。

とても無口で、目立つのが苦手です。

反対に、わたしはおしゃべりで目立つのが大好きなので、家にいるとストレスが溜《た》まります。夫が元気だった時は、テニスをやったり、ハイキングをしたり、旅行もよく行きました。

体の自由が利かなくなって、夫もストレスが溜まっていると思います。

リハビリに行って職員や他の患者さんと話す時は笑顔になるのですが、家ではあまり見せてくれません。職員が優しい言葉や励ましの言葉を掛けてくれるからかもしれません。

正式な「43とも」とまではいきませんが、『いのちの言葉』を私が読んで、お互いに感想を言い合うことをしています。

その時間は、一つのテーマを中心にしてお互いの心が向き合う貴重な時間です。それを何回か続けていたら、夫がリハビリに行く時に「行ってらっしゃい」と言うと、「行ってきます」と返事をしてくれました。

それまでは無言で出掛けていたので、びっくりしました。良い言葉を掛け合えば、お互いの心が開いてきます。
これを続けながら、しっかり夫に寄り添えるように努力していきたいと思います。

43とも体験談⑭

「本当の夫婦になりました」（S・Yさん）

夫は短気で切れることが多かったので、怖い存在でした。

ですから、夫婦で「43とも」を始めようと思っても、最初はルール通りにはできませんでした。輪読するのも抵抗していました。

最初は一方的に私が読むだけでした。そのうち、「私はここが良かったんだけど、パパはどこが良かったの？」と感想を聞くようになり、そこから、少しずつ会話を繋《つな》げていくようになりました。

そうやって続けていくうち、ある転機が訪れました。私たちの「43とも」がサンデー世界日報の『コミュニティーひろば』に掲載されたのです。

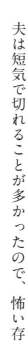

その記事を読んだ友人たちからたくさん褒めていただき、夫はそれがとても嬉しかったようです。それからは、ルール通りの「４３とも」ができるようになりました。

夫は私をよく褒めてくれ、応援してくれるようになりました。私も夫の良さがだんだん分かってきて、何でも安心して夫に任せられるようになりました。

これからは何があっても、夫とだったら一緒に越えていけると思えるようになりました。「４３とも」に本当に感謝しています。

●「4 3ともマスター制度」について

「４３とも」の目的はコミュニケーション力のアップにあります。

「話し方教室」のように、話し上手になるための勉強もありますが、「４３とも」は自分の考えをまとめる力、相手の話を読み解く力、相手の思いに共感して褒める力が身に付きます。

しかし、同じ文章を読んでも感動の強弱が違うように、情報を理解する上で知識は多い方が良いでしょう。

そのため、「４３とも」の実践と共に、基礎的な知識が学べる制度を準備しました。

それが「４３ともマスター制度」です。

マスター制度には二つのランクがあります。

まずは初心者向けの「シルバーマスター」です。

「４３とも」の体験会に参加し、ルールを学びます。

そして、２、３回実践をして、やり方がわかった後、シルバーマスター講座の第１と第２講座を受けます。

43《よみ》とも倶楽部

シルバーマスター認定証

第00001号

氏　名　世界一　長一郎

私の志　○○○○○○○○○○○○○○○○○○

ミッション

43とも倶楽部のルールをマスターする

権　限

43とも倶楽部を開催できる

次に、テキストとなるサンデー世界日報を購読（任意）し、シルバーマスターになる目的、目標を18文字内にまとめて申請します。

すると、「43とも倶楽部」事務局から特製のピンバッジと認定証が送られてきます。毎週送られてくるサンデー世界日報の13面に『コミュニティーひろば』があり、全国の「43とも」の実践報告と体験談が掲載されていますので、励みになると思います。

ゴールドマスターに挑戦

更にハイレベルの知識を身に付けたい方は、ゴールドマスターに挑戦してみてください。ゴールドマスター講座は第1から第4までの4段階です。

とても深い内容になっています。これを学んだ後、家族および親族の「43とも」に取り組んでもらいます。

私たちは親しい人から褒めてもらうのも嬉しいのですが、身内から褒めてもらうことほど嬉しいことはありません。

逆に言うと、その関係を良く保つのが最も難しく、犯罪の多くが家庭内で起こっているという悲しい現実があります。家族は最も近い関係であるため、遠慮がありません。

43《よみ》とも倶楽部

ゴールドマスター認定証

第 00001 号

氏　名　世界一　長一郎

私の志　○○○○○○○○○○○○○○○○○○

ミッション

43とも倶楽部の思想をマスターする

権　限

シルバーマスターの資格者を推薦できる

ついつい本音を出してトラブルになります。

「夫婦43とも」や「親子43とも」は、かしこまってルール通りにやると、気恥ずかしさがあって最初は形だけになりがちです。

そもそも向き合うことが難しい場合もあります。

「どうして、あなたとこんな読書会をしなければならないの」と、文句を言われることもあるでしょう。

それでも1回やってみると、心の中にポッと明かりがともります。褒められて怒る人は一人もいません。

誰もが自分を認めてほしいという承認欲求があります。

そういう経験を積み重ねていく中で、お互いの良いところに目が行くようになります。そうすると良い感情が生まれます。

「43とも」のポイントは「受容と賛美」です。これを継続することによって、自分にそして相手に変化が現れたら、それを体験談として書いてもらい、「43とも倶楽部」事務局に提出してもらいます。

そして、ゴールドマスターになる目的、目標を18文字内にまとめて、申請していただくと、特製のピンバッジと認定証が届きます。

ゴールドマスターが増えれば増えるほど、幸せな夫婦、家族が増えることになります。

ぜひ取り組んでみてください。

４３とも体験談⑮

「少しずつですが夫の硬い心の窓が開いてきました」（T・Iさん）

主人と結婚して二十数年たちますが、主人は会話が苦手で、質問しても「あっ」と言うだけで、すぐ下を向いてしまいます。

人の話を聞かないので、会話になりません。

悪い人ではなく、真面目で黙って働く素晴らしい人ですが、ご近所の人が挨拶をしても知らん顔をして通り過ぎ、「声を掛けてくれるな」というオーラを激しく出しています。

半年前、「４３とも」体験会に参加した時は、パニックになって、人の感想を褒める時やフリートークでも「分からない」を連発しました。

テキストの輪読や感想文を書くことはできるのですが、人の話を聞いてそれに答えるというのは、今までやってこなかったので、混乱したのだと思います。

「43とも」はコミュニケーション能力を高めるとても良い方法で、誰でも実践すれば必ず効果があると聞いたので、夫婦で「43とも」を毎週やることにしました。

しかし、私の感想を聞いて褒める時には、「よく分からない」としか言わず、褒めてくれませんでした。

でも、そういう主人を「今日も付き合ってくれたパパに感謝、素晴らしい」と賛美し続けました。

毎週日曜日に夫婦で「43とも」をやる中、夫

はいやいやだったと思いますが、それでも続けてくれたことが、本当に嬉しかったのです。

半年ぐらい続けたある日曜日、何と主人が「早くやろう」と言ってくれました。

それからしばらくして、家に友人を呼んで「４３とも」をやった時、主人がちゃんと話を聞いて、ちゃんと褒める言葉を言ってくれるようになったのです。

涙が出る思いでした。

そう言えば、家族でご飯を食べながら、今度の日曜日は何をする?と話した時、今までだったら「はっ」と言って何もしゃべらなかったのに、「私はこうしたい」と言うようになりました。

それまでは私の言う通りにしていたのに、ちょっと自己主張するようになってきたのです。

「43とも」を続ける中、少しずつですが夫の硬い心の窓が開いてきたのだと思います。「43とも」が持っている力の大きさを実感しました。

●シルバーマスター講座の概要

〈シルバーマスター 第1講座〉

人間は一人で生きることはできません。

生まれた瞬間から両親の庇護《ひご》の下に育ち、大人になれば配偶者を得て、やがて子や孫の世話を受けながら人生を終えます。

一人でも幸福になる事はできますが、より良い幸福は、親、配偶者、子供などとの関係性が良い時です。

心理学の巨匠と呼ばれたアドラーは「人間の悩みはすべて人間関係」であると言っています。

その解決のためには、相手に対して話したり、与えたり、励ましたり、教えたりする「授ける能力」と、相手の話を聞いて受け入れたり、共感したり、感謝したりする「受ける能力」が必要です。

これを「コミュニケーション力」、もしくは「絆を結ぶ力」と言います。

コミュニケーションには、大きく分けると三つの分野があります。一つ目は心、動機。

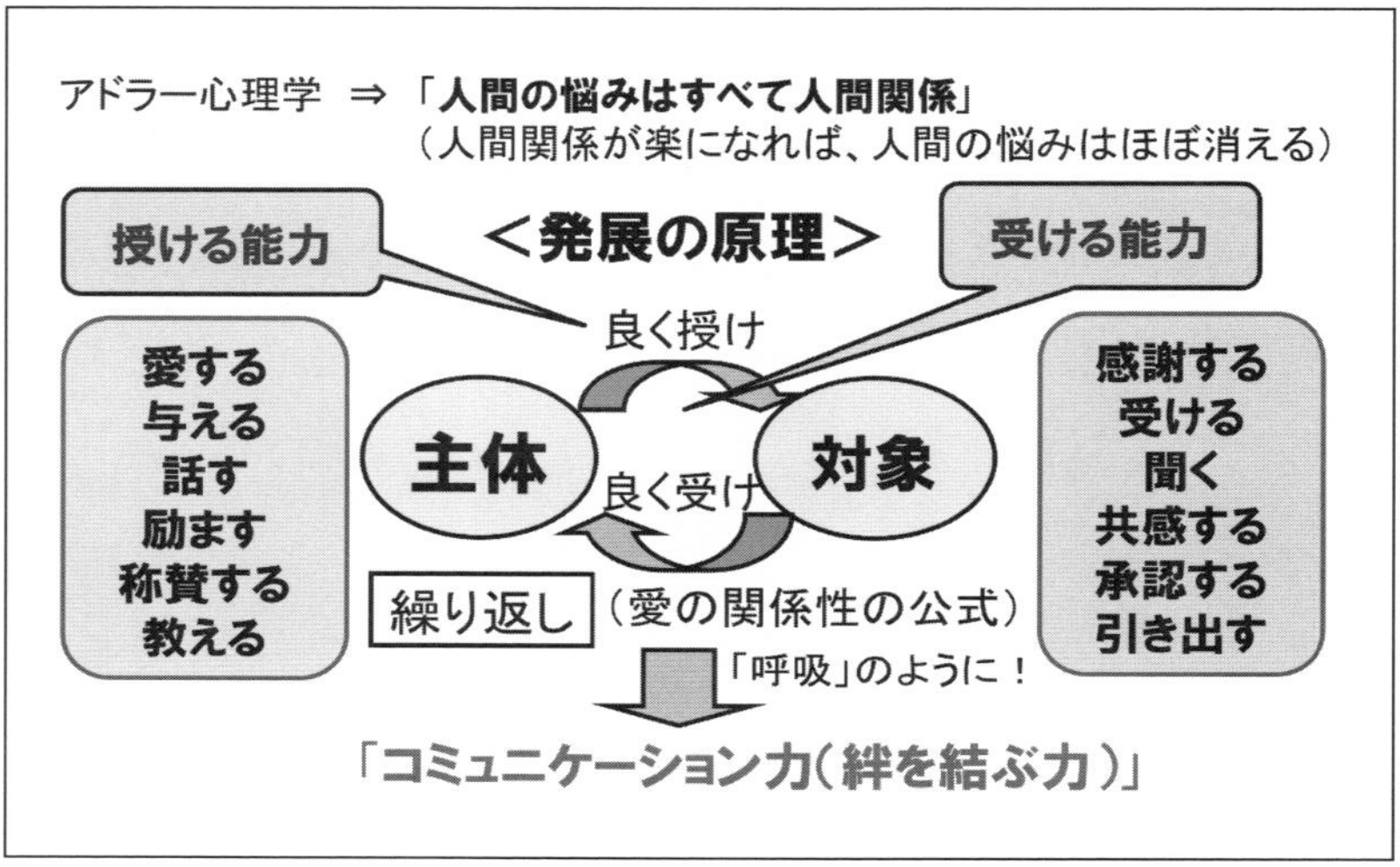

二つ目は言葉。三つ目は行動やしぐさです。

とりわけ言葉は重要です。

肯定的な言葉を使えば、肯定的な人生になり、否定的な言葉を使えば否定的な人生になります。

言葉が人生を創ると言っても過言ではありません。

言葉が意識を変え、習慣を変え、人生を変えます。幸せを呼び込む言葉を五つ紹介します。

「ありがとう」

「あなたは素晴らしい」

「愛してる」

「あなただったらできる」

「ごめんなさい」

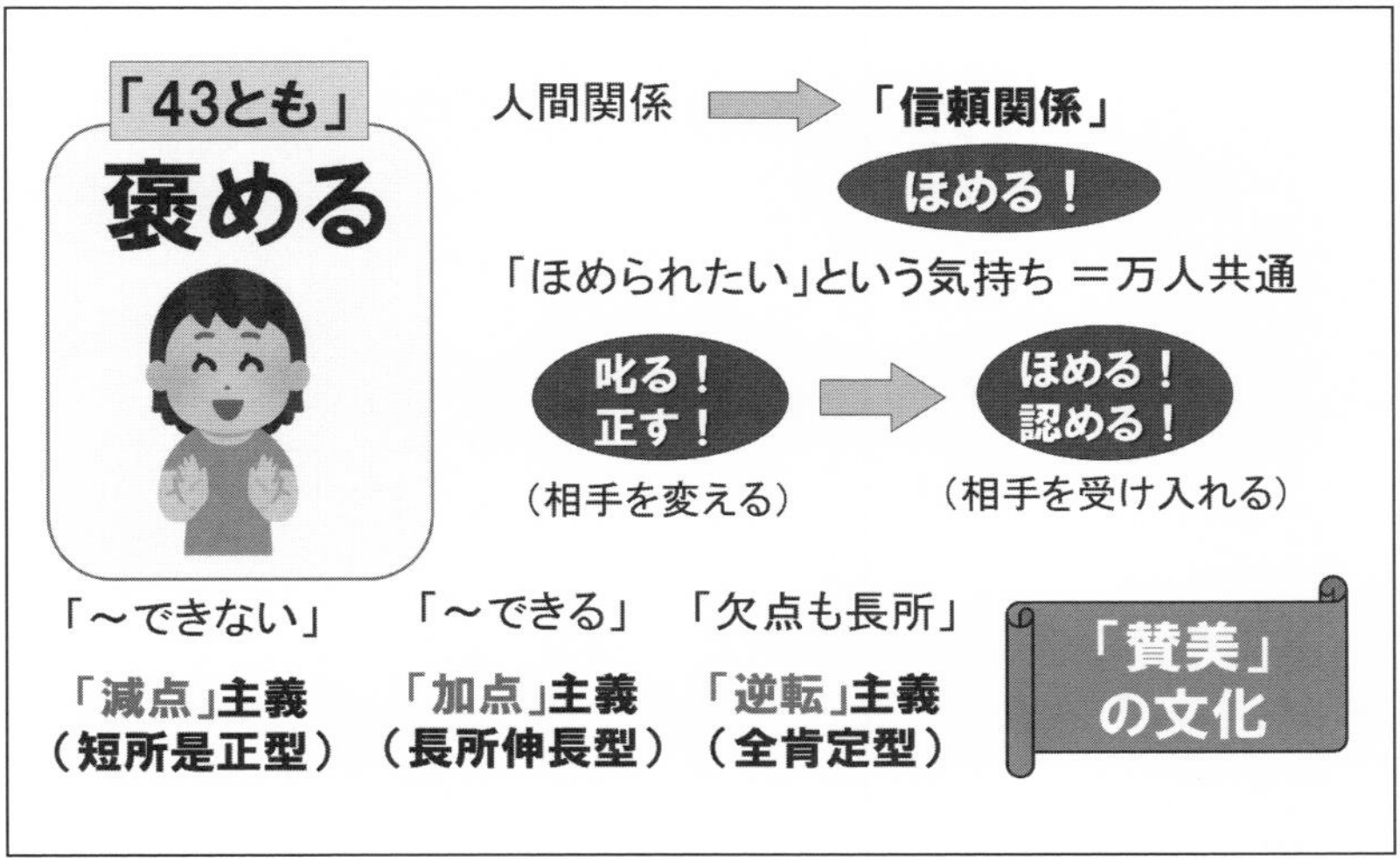

〈シルバーマスター 第2講座〉

「43とも」の効用をご紹介します。

加齢医学、脳機能研究をしている東北大学の川島隆太教授は、脳に一番良いことは「音読」だと言います。

音読は読む、話す、聞くを同時に行うので脳の全部を活性化します。

そして、気付いた点や感動したり、知らなかったところに線を引くことは、自分が持っている真理を求める心、愛情を求める心、善を求める心に響いたところを探すことになるので、より深く啓発されます。

一番、印象に残った文章を選んだ理由を書くことは、自分の感情を簡潔に印象深く、分かりやすく表すことになります。

これをすることによって自然に自分の考

えをまとめる力が養われます。相手の話を聞く時は傾聴することが良いと言われます。そのためには肯定的な関心を向け、無条件に受容し、相手の立場に立って共感することが大事です。

最後に褒める行為は人と人との信頼関係を深めます。

叱る、正すことも時には必要ですが、そこには相手を変えたいという動機が入っています。

これは「短所是正型」の教育です。

褒める、認めるというのは、相手を受け入れる「長所伸長型」の教育です。

さらに欠点も見方を変えれば長所になるという全肯定型の教育もあります。

43とも体験談⑯

「ちょっと変わった夫婦43とも」（N・Tさん）

夫は私のすることに対して良く思わないことも多く、反対することがよくありました。

友人たちと「43とも」をして、その素晴らしさが分かったので、夫婦「43とも」をしてみたいと思いましたが、やはりすんなりとは乗ってくれませんでした。

最初、サンデー世界日報も見てくれませんでした。根気よくお願いすると、だんだん付き合ってくれるようにはなりましたが、私が記事を読み、感動したところを言うと、それに対して褒めるのではなく、批判したり、茶化したり、自分の考えを言ってきたりしました。

まったく「43とも」になっていないのですが、よくよく理由を聞いてみると「なるほど、そういう考え方もあるわね」と思うことも少なくありませんでした。

こんな「43とも」を続けるうち、私にとって主人は、まさに私の心の器を広げて成長させるために必要な人だと、感じるようになりました。

今では、夫はサンデー世界日報をよく読んでくれるようになりました。また、最近は家事も手伝ってくれ、私を大事にしてくれるようになりました。

娘は外に出ていますが、時々帰ってきた時には3人で「43とも」をしています。とっても嬉しいひとときです。

ゴールドマスター講座の概要

〈ゴールドマスター 第1講座〉

「４３とも」でまず大事なのは、感想文を発表し、それを聞いて良いところを褒めるという「感想発表」の時間です。

つまりコミュニケーションの時間です。

この時間の価値を高めるためには、お互いの信頼関係を良くする必要があります。

信頼関係のことをフランス語で「ラポール」と言います。

端的に言うと「安心・安全の提供」です。

意見交換の時に、自分の感想文に共感してくれて賛美してもらうと、この人は私の味方であり、心を委ねても良い人だと感じるようになります。

また、人は誰でも成長したい、成功したい、幸せになりたいと思っています。

ある人は不幸の原因は自分の短所にあると思って、そこを是正しようとします。

また、他人を幸せにしてあげようと思って短所を指摘し、是正してあげようとします。

すると自己肯定感が低くなるばかりでなく、相手との関係も悪くなります。

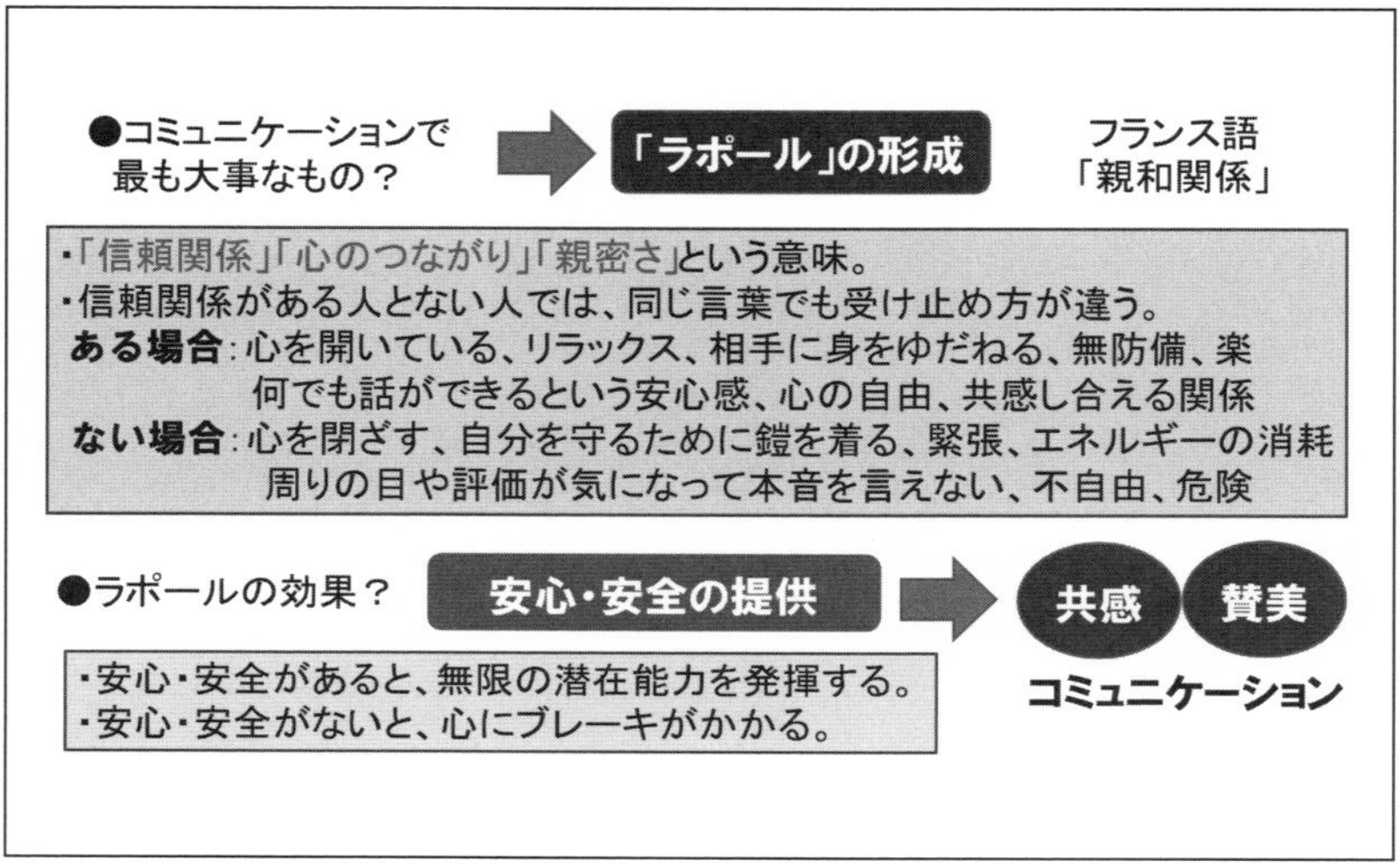
●コミュニケーションで
最も大事なもの？
「ラポール」の形成
フランス語
「親和関係」
・「信頼関係」「心のつながり」「親密さ」という意味。
・信頼関係がある人とない人では、同じ言葉でも受け止め方が違う。
ある場合：心を開いている、リラックス、相手に身をゆだねる、無防備、楽
何でも話ができるという安心感、心の自由、共感し合える関係
ない場合：心を閉ざす、自分を守るために鎧を着る、緊張、エネルギーの消耗
周りの目や評価が気になって本音を言えない、不自由、危険
●ラポールの効果？
安心・安全の提供
共感
賛美
コミュニケーション
・安心・安全があると、無限の潜在能力を発揮する。
・安心・安全がないと、心にブレーキがかかる。

一方、自分の長所を見つけてそこを伸ばそうとする人がいます。

また、他人の長所を見つけて褒め、そこを伸ばしてあげようと努力します。すると自己肯定感が高まるだけでなく、相手との関係も良くなってきます。

よく現実は事実によって決まると思いがちですが、実は、事実をどう捉えるかによって大きく変わってきます。

事実を肯定的な視点で捉えるか、否定的な視点で捉えるかによって、現実は１８０度変わります。

人には必ず長所と短所があります。

多くの人はこれを善・悪の関係で見ています。

しかし、光が当たれば影ができるように、

陽・陰の関係で見ると全く視点が変わります。

最後に、褒める効果についてまとめます。

人を褒めると相手が笑顔になり、心が明るくなり、関係性が良くなり、素直になり、心が前向きになり、自信を持つようになるのです。

〈ゴールドマスター 第２講座〉

幸せになるための大切な条件は、自分を肯定できるかどうかです。

自分を愛する「自尊感情」がある人は、自分をそのまま受け入れることができます。

それは、自分とのコミュニケーションがよくできているということです。「自己肯定力」のある人は、自分の人生に対してとても肯定的です。

また「他者肯定力」も高いので、人の良いところも見えるし、よく褒めることもできるので人間関係も良好です。

さらに「環境肯定力」も高くなるので、どんな時にも前向きにとらえ、感謝し、平常心を保つことができます。

褒める時、

「あなたは素晴らしいですね」

●「褒める」能力を高める⇒　相手の個性を賛美する

①「**評価的賛美**」⇒「**You(主語：あなた)**」メッセージで褒める

「あなたは、素晴らしいですね」

「あなたは、偉いですね」

「あなたは、優秀ですね」

「あなたは、必ずできますよ」

「○○ちゃんは、お手伝いしていい子ね」

⇒

・相手を「**上から目線で評価**」する姿勢
・「**条件付き**」で褒められる
（良いことをしないと褒められなくなる、ありのままではいけない・・・というメッセージになる）

②「**共感的賛美**」⇒「**I(主語：私)**」メッセージで褒める

「私は、あなたと接してみて『素晴らしい』と感じました」

「私は、あなたの話を聞いて『偉いな』と感動しました」

「私は、あなたの説得力ある話を聞いて『優秀な方だ』と思いました」

「私は、あなたの努力を見て、『必ずできる人だ』と信じます」


「あなたは偉いですね」

「あなたは優秀ですね」

と言うと、相手を上から見ているような印象を与えます。

これを評価的賛美、「YOUメッセージ」で褒めると言います。

一方、

「私はあなたと接してみて素晴らしいと感じました」

「私はあなたの話を聞いて偉いなと感動しました」

「私はあなたの説得力のある話を聞いて優秀な方だと思いました」

というように、事実を取り上げて自分はこう感じたという感想を伝えると、共感してもらった、承認してもらった、ありのままを受け入れてもらったという安心感が生まれます。

これを共感的賛美、「Ｉメッセージ」で褒めると言います。

そして「Ｉ」は「愛」に通じます。

賛美する時に拍手をすると、目と耳から入る刺激が、より承認欲求を満たしてくれ、拍手する側もされる側も自然に笑顔になります。

笑顔になると脳内ホルモンが分泌されて気分が良くなります。

また免疫力も高まるため、糖尿病やアトピー性皮膚炎、リウマチにも効果があるとされます。

笑うことによって「快」の感情が生まれ、セロトニンなど幸せホルモンが分泌され、精神安定や脳の活性化を促します。

まさに「笑う門には福来たる」です。

〈ゴールドマスター 第３講座〉

「４３とも」では最後の10分間、自由討論を行います。

この締めくくりの時間は、「何を学んだか」「何を感じたのか」「何をしたいと思ったのか」を振り返る大事な時間です。

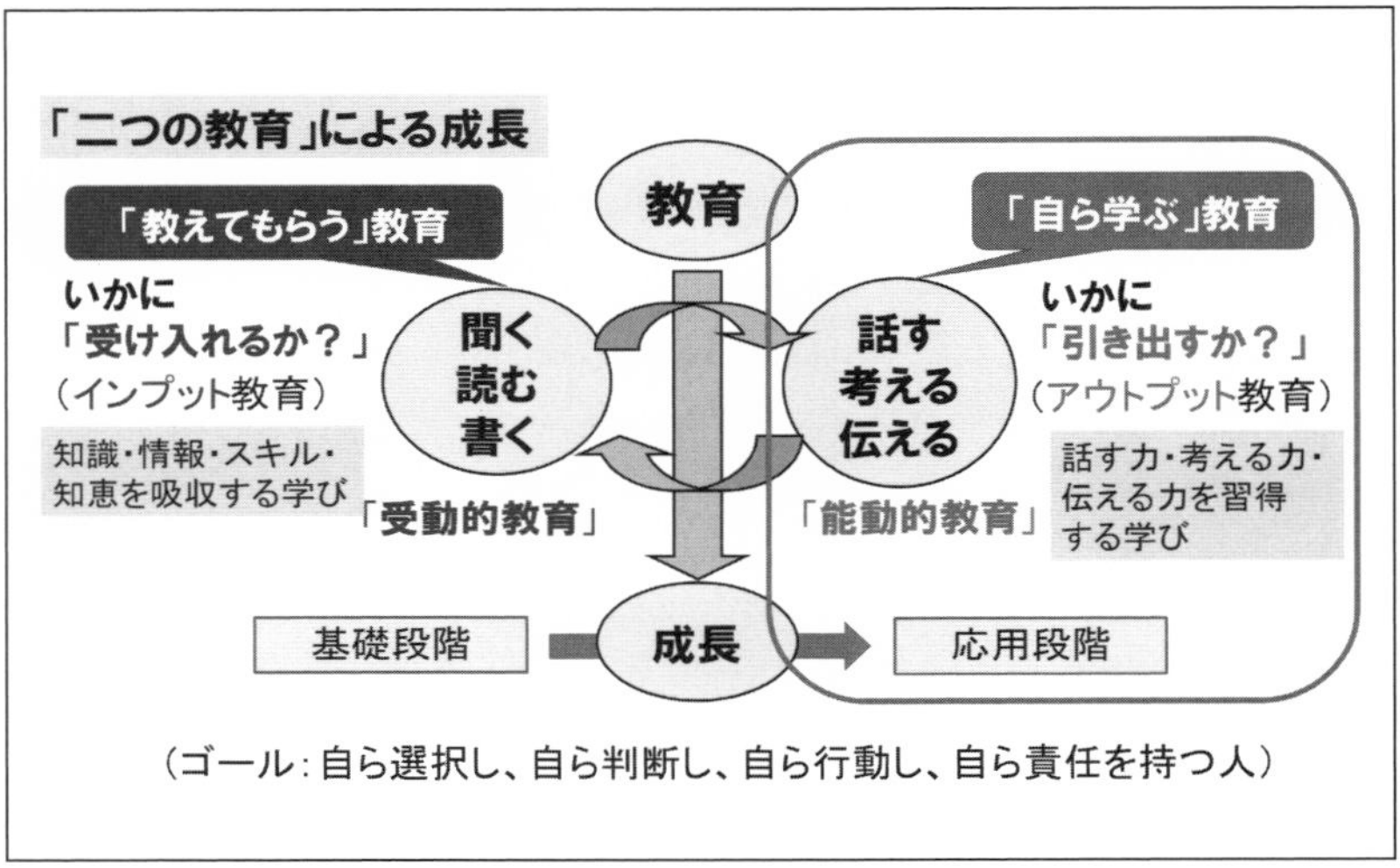

教育は「教えてもらう教育」と「自ら学ぶ教育」の2種類があります。

教えてもらう教育は知識、情報、スキル、知恵を吸収する「受動教育」であり、主に聞く、読む、書くことをします。

自ら学ぶ教育は、教えてもらった知識やスキルを使って答えを導き出し、それを伝える「能動的教育」です。

受動的教育を基礎段階と位置付けるならば、能動的教育は応用段階と位置付けられます。

成長している組織に共通する条件は、①トップの戦略が良い、②右腕が必ず複数いる、③職場の空気が良く心理的安全性があるなどです。

「空気が良い空間」は、肯定・承認の文化

が定着していて、心が楽になり、人生が楽しくなります。

ところで、「ありのままに生きる」というと自己中心的なイメージが湧きますが、誰でも心の中に常に正しいものを求めようとする「良心」があるので、良心を中心として生きれば、わがままになる事はありません。

意識には顕在意識と潜在意識の2種類があります。

顕在意識は論理的思考によってつくられますが、潜在意識は「快・痛みの原則」に従って身体的感覚によってつくられます。

それは自分を守るプログラムなので、顕在意識よりも優先されます。

自由討論の時間は何を言っても良いのですが、意見交換の時間でつくられた安心安全の空気の中で、よく話し、よく聴き、よく理解し、よく賛美すれば、知恵と勇気が引き出されます。

〈ゴールドマスター 第4講座〉

世の中には4種類の人がいます。

1．幸せそうに見えて幸せな人

2．幸せそうに見えて不幸な人

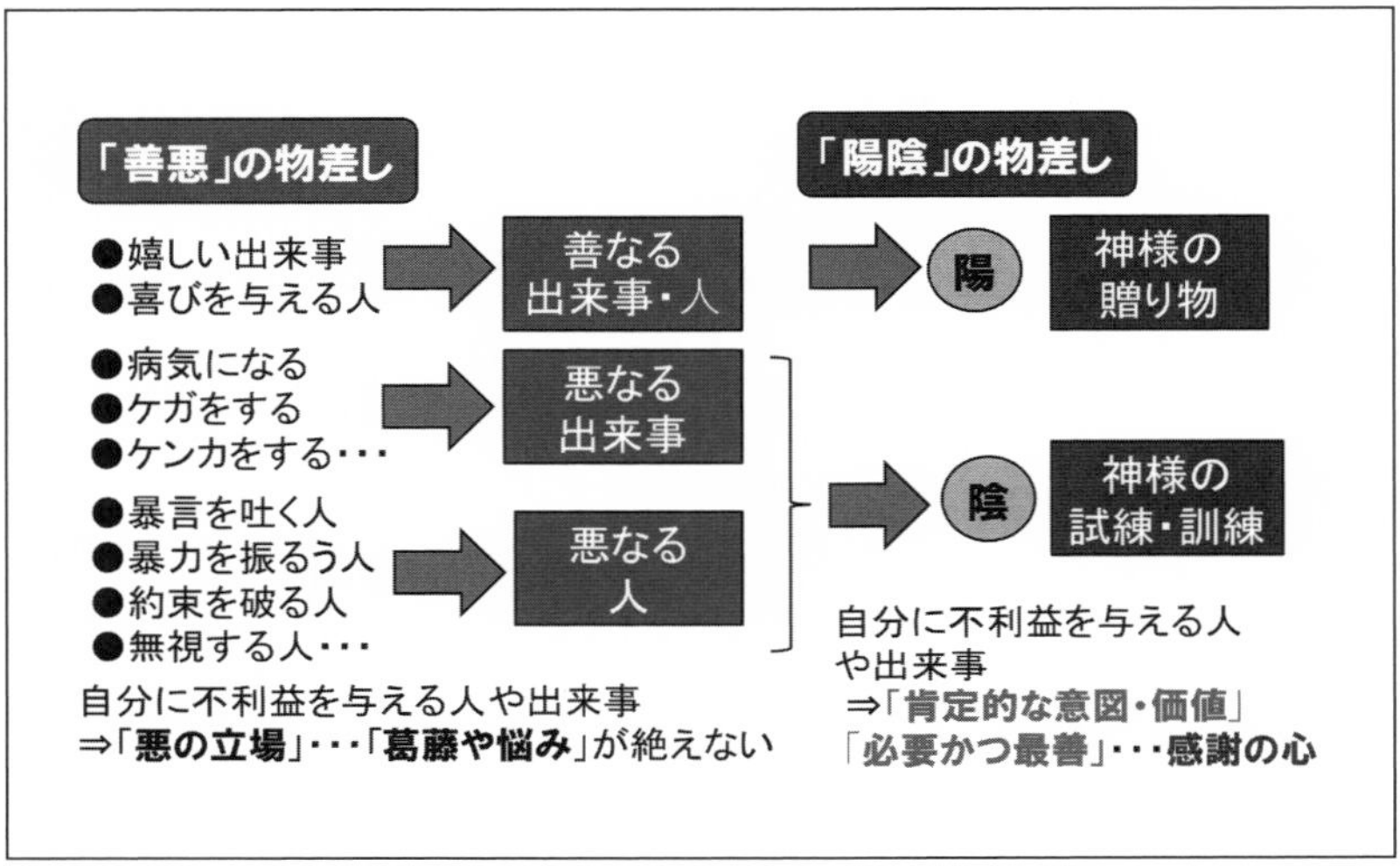

「善悪」の物差し
●嬉しい出来事
●喜びを与える人
善なる出来事・人
●病気になる
●ケガをする
●ケンカをする・・・
悪なる出来事
●暴言を吐く人
●暴力を振るう人
●約束を破る人
●無視する人・・・
悪なる人
自分に不利益を与える人や出来事
⇒「悪の立場」・・・「葛藤や悩み」が絶えない
「陽陰」の物差し
陽
神様の贈り物
陰
神様の試練・訓練
自分に不利益を与える人や出来事
⇒「肯定的な意図・価値」
「必要かつ最善」・・・感謝の心

3．不幸そうに見えて幸せな人
4．不幸そうに見えて不幸な人

行動する上での動機も4種類あります。

1．仕方なくやらされている
2．納得して自発的にやる
3．やりたくて喜んでやる
4．誰かを喜ばせるためやらせていただく

正しい人生を求める人は、「ねばならない」「すべきである」という考えを持っているので、義務感使命感が強くなります。

それを自分に当てはめるだけでなく、相手にも当てはめるため、要求が強くなり、できないと怒りの感情が生まれます。

一方、楽しい人生を求める人は、やりたいこと好きなことをするので、義務感や使命感はなく、相手に対しても一緒に喜びたい、楽しみたいという感情が生まれます。

「善悪」の物差しで生きる人は、自分の利益になる人や出来事は善と思い、自分に不利益になる人や出来事は悪だと思い、悩みが絶えません。

しかし、「陽陰」の物差しで生きる人は、自分の利益になる人や出来事は、神様の贈り物と思い、自分の不利益になる人や出来事は、神様の試練・訓練であって、私にとって必要なものと捉え、感謝の心を持つことができます。

人は誰かの上に立つと、教えようとする気持ちが働きます。

例えば、子供、部下、後輩、質問者に対して。

「４３とも」は誰かに教えるための学習法ではありません。

自ら知識を学び、知恵を見つけ、主体的に学ぶ姿勢ができて、お互いを育て合う学習法です。

そして、その中心には「愛」があるのです。

43とも体験談⑰

「夫から届いたラブレター」

（K・Sさん）

夫は退職して家におり、私は今も外で働いています。

夫は読書が趣味で、少しずつ「夫婦43とも」をしてくれるようになりました。夫は感想文を書くことはしませんが、読みが深いのでいつも感動しています。

私の感想文を聞いて、時々「まだ読みが浅いぞ」と指摘することがあります。「夫婦43とも」を始めて良いことがありました。私の誕生日に何十年ぶりかのラブレターをくれたのです。

そこには、私をとても大事に思っている夫の気持ちが込められていて、感動の涙が溢《あふ》れました。

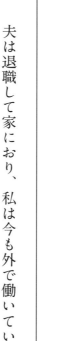

「夫婦43とも」のほかに、友人たちとも「43とも」をしています。回を重ねるごとに、人の話を聞いていなかったこと、相手をよく知らずに勝手な思い込みで話していたこと、まず自分が変わらなければならないことなどが分かってきました。だんだんと考え方が前向きになり、本音が言え

るようになってきました。「43とも」だけが私の心が解放される時間です。

「43とも」を通して一番変わったのは、私でした。夫の考えに寄り添えるようになり、心の距離が近くなってきました。

現在、夫は漢字検定1級に挑戦中で、私が元気で働いていることに感謝し、応援してくれていま す。

43とも体験談⑱

「かけがえのない家族43とも」

（R・Aさん）

娘が歯科衛生士として勤め始めてから、夫と3人で「43とも」をするようになりました。職場であった良い話や悪い話など何でも話してくれるようになりました。

私が「これからも良いキャッチャーになれるように頑張るね」と言ったら、「いつも愚痴を聞いてくれてありがとう」と娘が答えてくれました。

夫に「妻の愚痴を聞いてくれてありがとう」と言うと、笑いがこぼれて和やかな雰囲気になりました。

家族「４３とも」のおかげで、娘は先生や患者さんの受けもよく、一目置かれる存在になっているようです。夫も家事をよく手伝ってくれて、夫婦関係が近くなりました。

いつも良いことばかりが起こるわけではなく、時には愚痴を言いたくなることもあります。そんな時、それを受け止めてくる家族の有り難さを、「４３とも」を通してしみじみ感じています。

娘は、嫁いでいくまで家族「４３とも」を続けたいと思っているようです。その日が来るのが嬉しいような、寂しいような気持ちでいます。

第3章

43とも誕生秘話

●マイストーリー

私（櫻井）は結婚して今年（２０２４年）で36年になります。

３人の息子と１人の娘に恵まれました。夫婦喧嘩は時々しますが、会話がなくなるほどではありません。

しかし、「夫婦４３とも」を始めてからお互いがずいぶん変わりました。

私と妻の性格はだいぶ違います。

私は考えがまとまってから行動する理論派、妻は動きながら考える行動派です。

私は、行動を起こすには、今やっていることを片付けて、リセットしないと気持ちが悪いのですが、妻は、思い立ったらすぐ行動します。

ご飯を食べている時でも、食べかけたまま他のことをやるので、途中のまま食事が終わってしまうことがあります。

マナーとしては良くないと思うのですが、これは母親としての徳でもあると思います。

特に、子供たちに対しては、呼び掛けられたら、自分が何をしていても、それを置いてすぐに応えようとします。

どんなに具合が悪くて横になっていてもです。

その姿を見て、自分にはできないと脱帽します。

そんなわけですから、なかなかリズムが合いません。日常生活では困らないのですが、キチンと向き合って話すことは、お互い避けてきたところがあります。

そんな時、「夫婦43とも」を始めました。キチンと向き合って相手の感想を聞き、その中で良い所を見つけて褒めなくてはなりません。

最初はわざとらしくぎこちないのですが、今まで気付かなかった良い所が見えてきたり、私のことも褒めてくれたりするので、お互いの心が開き、信頼の絆が深くなってきました。

「おはよう」「おやすみ」の挨拶は以前からしていました。ただお互いが出掛ける時、玄関での見送りはしていませんでしたが、自然にできるようになりました。

しかし、最初からそれを狙って「43とも倶楽部」を立ち上げたわけではありません。

これから、この「43とも倶楽部」をつくるに至った経緯を語ってみたいと思います。

●出発はニュースレター

私は営業スキルを上げるために、これまで関連本を渉猟《しょうりょう》してきました。その中でもある経営コンサルタントに大きな影響を受けました。

どんな商売もそうですが、一番難しくお金がかかるのが、新規客の獲得です。

どの企業、団体もここで苦労します。

しかし、その後、経営が発展するか衰退するかの鍵は、獲得した顧客をいかに固定客にできるかに懸かっています。

さらに、そこから紹介が生まれるようになると、その会社は確実に発展していきます。

私も先のコンサルタントから学んでは実践を繰り返しましたが、なかなか身に付かずじまいでした。

ただ、一つだけモノにしたのがあります。それがニュースレターです。

ニュースレターとは、毎月毎月、顧客に出すＤＭ（ダイレクトメール）です。

もう二十数年継続しています。

一般的に、会社の商品案内などのパンフレットやチラシというのは、よほど関心のあるものでない限り、捨ててしまいます。

でも、手紙ならば、興味を持って捨てずに目を通してくれると思います。

なおそれが、手書きで心がこもっているものであればインパクトも違います。

私が出しているニュースレターは、最初はパソコンで作らず、手書きで作っていました。

Ａ３サイズを２枚、二つ折りにして８ページです。目的は、読んで役立つ情報や元気になる情報、そして、後半に商品の宣伝を載せるというようにしました。

これがとても好評で、毎月楽しみにしてくれる方が多くいます。中には、捨てずにずっと取っておいてくださる方もいらっしゃいます。

しばらく手書きだったのですが、右手の使い過ぎからくる五十肩（当時は40代）になり、今はやむなくパソコンで、〝手書き風〟フォントを利用して作っています。

さて、いつも苦労するのは１ページ目に載せる本と２ページ目に載せる映画のセレクトです。

本のジャンルは成功哲学や歴史モノ、新しい健康法などです。

映画はサブスクから選び、ジャンルは娯楽やホラーやアクションは極力避け、人生を深く考えさせる温かい余韻が残るものにしています。

映画は検索で間に合いますが、本は簡単ではありません。

新聞の書評欄やアマゾンランキングなどを常にチェックし、読者の顔を思い浮かべながら探し求める日々です。

43とも体験談⑲

「素晴らしい！にはまりました」（M・Fさん）

私は人間関係のつまずきや、両親と舅の介護で疲れがたまって鬱《うつ》になってしまいました。夫も心配して、いろいろ助けてくれましたが、良くなりませんでした。

そこで思い切って環境を変えたところ、だんだんと回復するようになりました。そんな時に「43とも」に出合い、すっかりはまってしまいました。

一番良かったのは、「素晴らしい」と賛美することでした。

否定せずに賛美したり、賛美されたりすると心が温かくなり、花が咲くような気がします。鬱の時には、自分で自分を抑え込んで、感情を素直に表すことができませんでした。

そのつらさを知っていたので、感情をそのまま出してもよいという「43とも」に、本当に感激

しました。

夫婦関係は良かったので、「夫婦４３とも」はすぐ実践できました。『いのちの言葉』は、夫婦円満の秘訣がたくさん出ているので、「４３とも」を通して足りないところを気付かせていただいています。

外に出ている娘たちや孫が家に来ると、一緒に「４３とも」をします。とても元気が出ます。

友人たちとも定期的に「４３とも」をしていますが、やればやるほど信頼が深まるので、輪が広がっています。「４３とも」を通してたくさん友だちを増やしていきたいと思います。

たどり着いた「読書会」

ところで私は、ニュースレターを作るため、毎月２～３冊の本を読み、２～３本の映画を見ます。

私の読書法は、まず1回目は、読んで心に響く所があったページの角を折り曲げます。

２回目は、折り曲げたページだけを読んで、良い所に赤線を引き、インスピレーションが湧くと本の余白に書き込みます。

そして、３回目で、この本から得られた気付きをまとめ、それを文章にします。

ですから、あらすじも書きますが、それを通して何を感じたのかをまとめるようにしています。

映画も心に残ったものは、２回見てあらすじを頭に入れ、一番感動した場面について、なぜ感動したのか書き込みます。

読者の立場からすると、物語を通して私が何を感じたのか知りたいと思うはずです。

なぜなら、そんなに心が動くのなら、私も同じ体験をしてみたいと思うからです。

それと、私は数年前まで、時事問題を扱う講演会の事務局を担当してきました。

2カ月に1回という開催頻度でした。講演会そのものもとても勉強になるし、視野が広がったことも確かですが、それとともに、講師を選定するため、候補者の著作や映像などをリサーチするフィールドワークで非常に学ばされました。

ただ、事務局の仕事はそれだけではなく、講演会参加者や会員同士で懇親会を設けて親睦を図り、顧客満足度をさらに高めるということがあります。

しかし、1年に6回だけでは、親しくなるにも限界があり、もっと気軽に交流できる仕組みはないものかと思い悩む状況でした。

ある時、はたと思い当たったのが、「読書会」でした。

当世、読書会ブームともいうべき様相で、何も目新しいものでもないのですが、まず、数多《あまた》ある既存の読書会のいくつかに参加してみました。大いに刺激を受けたのでしたが、もっとこうすればと気付く点も多々。

こうなれば、自分たちにピッタリ合うオリジナルの読書会をつくろうと、早速取り掛かりました。

●女性をターゲットに

こうして、4人で行う読書会、のちの「43とも」がスタートしました。

テキストに使うサンデー世界日報が扱うテーマは、家庭、子育て、健康、旅行、趣味などが多く、女性、特に主婦層に支持されています。

その中で人気が高い記事は前述しましたが、『いのちの言葉』『自分研きのススメ』『向井敬二の相談室』などです。男性で関心が高いのは『メディアウォッチ』です。

「43とも」が本格的に始まったのは2018年でしたが、最初は手探り状態で、どうしたら盛り上がるのだろうかと、反応を見ながら工夫を重ねていきました。

やっていく中で、難しいと言われたのが感想文です。

そもそも感想文が好きという人はほとんどおらず、みんなとても苦手でした。

感じたことをそのまま書けば良いのですが、人に聞かせるために書くわけですから、支離滅裂な文章ではだめです。

頭の中で「起承転結」に組み直し、自分が感じたことが相手に伝わるようにしなくてはなりません。

そこで思い出したのが、私が毎月出しているニュースレターを作る時の読書法です。

選んだテキストを一段落ずつ輪読します。

その時に、心に響いた言葉や大事だと思う箇所に傍線を引いてもらいました。

読み終わったら、感想用紙の「一番感じた文章」という欄に書き写してもらいます。

線が引けた文章が複数ある場合には、その中の一番を選んでもらいます。

次に「共感」という欄に、なぜその文章が心に響いたのか、その理由を書いてもらいます。

大事だと感じたり、感動したりしたということは、自分の人生経験の中で少なからず共感することがあったからです。

それを静かに内省しながら文字にしてもらいます。

そして、「反省」の欄に、選んだ言葉と今の自分を客観的に比較した時、どう思うのか気付いた点を書いてもらいます。

「希望」という欄では、気付いたことで、これから何かをしてみたいというアイデアや意欲が湧いてきたら書いてもらいます。

このようにすると自然に「起承転結」となり、感じたことが、分かりやすく相手に伝わる立派な感想文になるのです。

４３とも倶楽部 簡易感想用紙

月　　日号　　　　　　　年　　月　　日

氏名

記事タイトル：

一番感じた文章

選んだ理由

①（共感）

②（反省）

③（希望）

メモ１　　メモ２　　メモ３

今回ご参加の感想

それとともに言葉や文章を「ああでもない、こうでもない」と悪戦苦闘を繰り返す中で、脳と心に汗をかき、さらに成長しようという意欲も芽生えてきます。

そして、次に難しいと言われたのが相手の感想を、良い言葉を探しながら聞くことです。

一生懸命聞こうとするのですが、なかなか良い言葉を見つけられない。見つけても話が続くので、褒める時になると忘れてしまいます。感想文を聞くのは一回限りです。

もし声が小さくて聞こえなかったり、早口で聞き取りづらかったりした場合は、もう一度発表してもらうことも可能ですが、何回もというわけにはいきません。それで感想用紙の中に、「メモ1」「メモ2」「メモ3」という欄を作りました。

これは良い言葉を忘れないように、メモしながら聞くためです。

4人で行う場合は、3人の方の感想文を聞くので三つ設けました。

こうすることで、より聞くことに集中できるようになり、褒める言葉も見つけやすくなりました。

この感想用紙が出来上がるのに4年かかりました。

４３とも体験談⑳

「訪問してきた営業マンと４３ともをする」（Ｊ・Ｈさん）

毎週、「夫婦４３とも」をするようになって、考え方がプラス思考に変わりました。

息子夫婦とも時々しています。ある時、浄水器の定期メンテナンスをしてくれる営業の人が来たので、「コミュニケーション力がアップするのでやってみない？」と、「４３とも」を勧めました。

彼の感想をよく聞いて褒めてあげたら、とても喜んで帰っていきました。その次に来た時、良寛さんをテーマにした『いのちの言葉』で、「４３とも」をしました。すると「良寛さんの涙は、無色透明な愛の水滴だから、人の心の汚れを洗い流し

た」という感想を言いながら、「実は、昨日社長と大喧嘩をしてしまい、口もきけなくなってしまった。でも、今日の『43とも』を通して、社長が

悪いのではなく、自分の心が汚れていたからだ」と話してくれました。

会社に帰って、会議をした時、サンデー世界日報の『いのちの言葉』を見せて、「４３とも」の報告をしたそうです。

今では、コミュニケーション力も上がって、実績も出るようになったと喜んでいました。

褒めることの難しさ

そして、最後は何と言っても褒めることの難しさです。

人間は人の長所よりも短所を見つけることに長けています。

それには合理的な理由があります。先史時代、人類は主に狩りをしながら食物を得ていました。

そういう中で生き残るためには、いち早く相手の弱点を見つけて危険を察知する能力が必要です。

ですから相手の欠点を見つけるのが、生まれながらに防衛本能として身に付いているのです。

その意味では、相手の長所を見つけるというのは防衛本能に反しています。だから難しいのです。

嫌いな人の欠点は嫌でも目につきますが、良いところを見つけるのは容易ではありません。

目を向けること自体に抵抗があるのですから、「43とも」でも、最初は長所を見つけて褒めるには、努力が必要です。

素晴らしいもの、美しいもの、感動するものを見たり、聞いたりすれば、誰でも心が動き「すごい！」「素晴らしい！」と自然に褒め言葉が出ます。

ただ、人によって感動の振り幅には差があります。

少しのことでも感動できる人は、その人の立場に立って共感できる人であり、自己肯定感が高い人です。

逆に人の気持ちが分からず、共感力が低い人は自己肯定感も低い人です。そういう人は、たとえ良いところを発見したとしても素直に褒めることが難しいでしょう。

かえってひがみ根性が出てくることも。

オリンピックで金メダルを取った人が、銀や銅の人の健闘を讃えるのは簡単ですが、銀メダルの人が金の人を祝福するのは、よほど自己肯定感が高くないとできません。その人の人間性が現れます。誰でも思い当たる節があると思います。

それでは自己肯定感を高めるには、どうしたら良いのでしょうか。

それは人から褒めてもらうことです。

「４３とも倶楽部」は、褒めて褒められる機会を与えてくれる場なのです。誰でも、この「４３とも」の実践によって、成長し、家庭円満の生活を送れるようになれると確信しています。

本書が、そんな皆様の幸福な家族になる良き水先案内人となれば幸いです。

あとがき

「43とも倶楽部」が誕生して、もうすぐ7年目に入ろうとしています。

ユダヤ式家庭教育に「良い習慣が良い人生をつくる」という格言があります。

「43とも倶楽部」も最初は効果を期待して、「ねばならない」で始まりますが、体験して心が温かくなり、軽くなり、柔らかくなってくると、「やりたい」に変わってきます。

そして、人の話に自然と耳を傾けるようになり、「素晴らしい」が口癖になります。

目下の私の目標は、夫婦の絆を深める「夫婦43とも」を広めて、ゴールドマスターを1万人つくることです。

1人でも多くの方がコミュニケーション力をアップして、幸せな人間関係をつくって下さることを願いながら、ペンを置かせてもらいます。

＊参考文献

『江戸の読書会』前田勉　平凡社
『「学力日本一！」秋田県東成瀬村のすごい学習法』主婦の友社
『ユダヤ大富豪に伝わる最高の家庭教育』天堤太朗　青春出版社
『スマホ脳』アンデシュ・ハンセン　新潮新書
『脳を創る読書』酒井邦嘉　実業之日本社

櫻井 晴信（さくらい　はるのぶ）
４３ともインストラクター
1960年長野県生まれ。全国を駆け巡り、４３とも倶楽部の普及を通じて親子、夫婦関係の修復に取り組んでいる。

４３とも倶楽部へのお問い合わせは
047–314–5761（世界日報社販売局まで）

ZOOM４３とも体験会申し込み

夫婦をはぐくむ読書会
「４３とも倶楽部」への招待

令和６年６月30日　第一刷発行

著　者 ● 櫻井晴信

発行所 ● ㈱世界日報社
〒103-0025
東京都中央区日本橋茅場町１－５－２－５階
電話 03（3476）3411　代表
電話 047（314）5715　出版部
https://www.worldtimes.co.jp

印　刷 ● ㈱世界日報社

乱丁・落丁本はお取り替え致します。

　ISBN978-4-88201-101-9